海外遗珍 ｜ 陶瓷

CHINESE ART IN OVERSEAS COLLECTIONS CERAMICS

（卷三）
VOLUME THREE

明代陶瓷

叶佩兰 主编

北京大学出版社
PEKING UNIVERSITY PRESS

图书在版编目（CIP）数据

海外遗珍·陶瓷.卷三/叶佩兰主编.—北京：北京大学出版社，2016.6

ISBN 978-7-301-27004-2

Ⅰ.①海… Ⅱ.①叶… Ⅲ.①文物－中国－图集 ②瓷器（考古）－中国－图集 Ⅳ.① K870.2

中国版本图书馆CIP数据核字（2016）第049799号

书　　　名	海外遗珍·陶瓷（卷三）·明代陶瓷 Haiwai Yizhen·Taoci（Juan San）
著作责任者	叶佩兰　主编
责任编辑	刘　维
标准书号	ISBN 978-7-301-27004-2
出版发行	北京大学出版社
地　　　址	北京市海淀区成府路205号 100871
网　　　址	http://www.pup.cn　　新浪微博：@北京大学出版社
电子信箱	hwyz16@sina.com
电　　　话	邮购部62752015　发行部62750672　编辑部62764976
印　刷　者	北京东方宝隆印刷有限公司
经　销　者	新华书店
	787毫米×1092毫米　16开本　20印张　243千字 2016年6月第1版　2016年6月第1次印刷
定　　　价	198.00元

未经许可，不得以任何方式复制或抄袭本书之部分或全部内容。
版权所有，侵权必究
举报电话：010-62752024　电子信箱：fd@pup.pku.edu.cn
图书如有印装质量问题，请与出版部联系，电话：010-62756370

海外遗珍·总序

中国文化博大精深，源远流长。中华民族在发展的历史长河中，创造了光辉灿烂的文化成果，为后人留下了丰富的文化遗产。这些文化遗产中最能体现中华民族智慧结晶的就是中国文物，这是中国文化中的无价珍宝。当我们漫步在博物馆中的时候，我们不得不为这些文化精品叹为观止。然而中国文物不仅仅收藏在中国的博物馆，实际上，在世界各大博物馆都能找到中国文物的身影，甚至其中许多精品是国内所没有的。这些文物基本上都是中国的外流文物。在鸦片战争以前，世界各大博物馆所收藏的中国文物主要是对外贸易的产物；在鸦片战争之后，中国的文物外流出现了前所未有的变化。

近代中国文物外流的方式主要有以下三种：一是以探险为名，来中国低价购买或通过挖掘、切割等不光彩手段把中国文物直接带走。此类方式多由探险家、博物馆策展人和学者所为。二是以购买为手段，从中国收藏家手中或古董市场上直接购入。此类方式多由外国收藏家所为。三是以获利为目的，国内外古董商人联手，在中国市场上以低价收购，再高价出售给国外买家。

中国近代文物流失国外可以分成四个大的时间段。第一次文物流失高潮在1840—1912年，鸦片战争和八国联军侵华期间，外国侵略者在北京公开大肆抢劫，清宫无数文物珍宝被洗掳一空。北京"自元明以来之积蓄，上自典章文物，下至珠宝奇珍，扫地遂尽"，损失难以计数。随后几年内，多国人士分别以考察的名义深入中国各地，或买或盗或抢或骗，掠走大量文物。末代皇帝溥仪被逐出皇宫时，曾带走数以千计的文物精品，在动荡的时局中，这些文物或变卖或丢失，逐渐变成了国外的藏品。

第二次文物流失高潮是日本侵华时期。战争给国家和人民带来了深重的灾难，使得文物的保护意识和措施均处于中国历史上最弱时期，在这一时期中国文物的外流达到了高峰。一方面，艺术品收藏在当时欧美成为一种时尚，国外文物商趁时局之乱往往能以极便宜的价格就能把文物藏品收入囊中；另一方面，在中国各个文物大省中，田间地头的农民们无意中发现了很多文物，但由于相关知识缺失，通常给几个自认为合适的价钱就随便卖出。这一时期，为了获利，盗墓和仿古之风也日渐兴盛。在日本刻意搜罗和明火执仗的盗掘下，大量古董都被集中起来，成船成船地运往东京。

中国改革开放之前是文物的第三次流失高潮。当时,很多机构和个人钻了政策的漏洞,国家规定清乾隆以前的文物不能出口,他们就把清乾隆后的官窑瓷器和书画以极其便宜的价格售往海外。

第四次文物流失高潮是在改革开放后,这次是以走私为主要手段。在巨大利润的刺激下,国内外不法分子相互勾结,盗墓之风狂刮,当时的中国香港成为了内地文物走私的集散地和中转站,大批中国文物通过香港流散到世界各地。

就这样,中国的陶瓷器、玉器、青铜器、绘画、书法、雕塑、漆器、丝织品、家具等,数以百万计的精品,甚至是绝品、孤品,流失到了世界各地的博物馆和私人收藏家手中。据联合国教科文组织不完全统计,在全世界47个国家、200多家博物馆的藏品中,有164万余件中国文物。其中各大博物馆收藏的中国文物数量只占所有外流中国文物数的20%,私人手中收藏的中国文物则难以统计。按中国文物学会的统计,流失海外的中国文物总共有1000万件左右。

在这些流失海外的文物中,无论从数量上还是珍稀程度上,陶瓷器都属于数一数二的。在中国流失国外的文物中,以英国大英博物馆收藏的陶瓷最多,达3万多件,其中绝大多数为绝世无价之宝;美国大都会艺术博物馆中有2万多件。中国珍贵文献和古籍在英国国家图书馆藏有6万多种。流失的地方志和古籍在美国最多,仅美国国会图书馆就有4000多种地方志;美国共有中国古籍善本3000多种,家谱2000多种。

法国是仅次于英国的欧洲收藏中国文物的第二大中心,其卢浮宫是法国收藏中国文物最集中的地方,馆藏中国文物高达3万件以上,尤以原始社会的彩陶器、商周青铜器和瓷器为主,此外,还收藏有6000多件中国历代瓷器精品和200多件唐宋绘画。

在日本各地,馆藏中国文物数量约在数十万件,其国内1000多家公私博物馆几乎都有中国藏品,尤以东京国立博物馆收藏最丰。在流失海外的近3万片甲骨片中,仅日本收藏就有近1.3万片。

就中国敦煌宝藏而言,中国国内保存数仅占三成,其他全散落于世界各地,如英国国家图书馆东方写本部藏有1.37万件,俄罗斯圣彼得堡亚洲民族研究所藏有1.2万件,法国巴黎国立图书馆有6000件。

无数的宝物流落在海外，对中国人来说是一件令人痛心疾首的事情。当我们去看海外博物馆展出的这些中国文物时，我们会怀着一种悲痛的心情。然而，除了文博方面的专家和出国旅游、学习的人员外，绝大部分中国人还是很难一睹这些文物的真面目。为了更好地发掘中国文化的精髓，让更多的中国人了解和欣赏流失在海外各大博物馆中的文物精品，我们特地策划并出版了这套《海外遗珍》。

《海外遗珍》分为陶瓷、绘画、玉器、杂项和青铜器五种，每种共分四卷，以时间为顺序，分门别类地讲述了流失在海外的这些中国文物珍品。书中所有图片资料主要由美国大都会艺术博物馆、美国国立亚洲艺术博物馆（The Smithsonian's Museums of Asian Art，又译做Freer and Sackler Galleries，即美国弗立尔－赛克勒美术馆的合称）、英国大英博物馆、英国维多利亚和阿尔伯特博物馆、英国大维德基金会和日本东京国立博物馆等提供，特此申致谢陈，以不没其收藏维护之功。

书成仓促，难免挂一漏万，缺憾在所难免，尚希博雅君子，不吝指正！

序

中国历史悠久，文明璀璨，五千年传承不绝，创造了不胜枚举的物质财富，文物光华，炳耀寰宇。早在距今7000—8000年的新石器时代，中国的先民就已经开始制作陶器，灰陶、白陶、黑陶、彩陶等品种相继出现。商周时期，建筑用陶出现，原始瓷器初登舞台。两汉时期，陶器的发展则以釉陶为代表，以越窑为代表的青瓷渐成风格。三国两晋时期，是中国陶瓷尤其是越窑青瓷的大发展时期。到了南北朝时期，南方越窑瓷器成为主流，北方则出现了新的窑口，开创了不同的陶瓷风格。

隋代时青瓷普及南北，同时南北方都创烧成功了白瓷。唐代是中国陶瓷发展的第一个兴盛期，越窑创烧出了类冰似玉的青瓷珍品、邢窑烧制成了类雪似银的白瓷，唐三彩独树一帜，长沙窑别具一格，鲁山窑匠心独运，为后来宋、辽、金、元时期瓷器的发展奠定了基础。

两宋时期是中国陶瓷制造业极其辉煌的历史时期，各地新兴窑场不断，涌现出不少驰名中外的瓷窑。所谓五大名窑——定、汝、官、哥、钧，就是其中的典型代表。此外又出现了以定窑、磁州窑、越窑、耀州窑、吉州窑、建窑、龙泉窑和景德镇为代表的八大窑系。辽、金瓷器主要以北方定窑、磁州窑和钧窑的进一步发展为代表。

元代虽然存在时间较短，但是在瓷器制作上却功勋卓著。除了钧窑、磁州窑、龙泉窑继续烧造之外，更重要的是景德镇窑开始以全新的姿态登上了历史舞台。景德镇不仅延续了两宋时期的青白瓷的烧制，更创烧了枢府瓷、青花、釉里红、蓝釉、红釉、釉上彩等瓷器品种，为明清两代瓷器的精绝做了完美的铺垫。

明清两代是中国陶瓷发展史上的顶峰时期，官窑瓷器在景德镇的持续烧制，使景德镇赢得了瓷都的美名。明代景德镇除延续元代创烧的青花和釉里红之外，还创烧出了斗彩、五彩、素三彩、杂釉彩等新品种，颜色釉方面的烧制成就突出。清代时，景德镇的官窑代表了国内乃至世界制瓷业的最高水平，尤以康熙、雍正、乾隆三朝瓷器为佳。同时各地民窑也得到了很大的发展，尤其西风渐进、陶瓷外销、西洋原料及技术的传入，使得陶瓷业的发展更为丰富而多姿多彩。

纵观中国陶瓷的发展史，再看看那些流失海外的陶瓷珍品，我们不能不为之感慨。为了能够让国人欣赏到流失海外的这些艺术珍品，同时也方便广大收藏爱好者和艺术研究者参考，特此搜罗世界著名博物馆的陶瓷珍品，以历史发展为顺序，各从其类加以编辑整理，出版了这部四卷本《海外遗珍·陶瓷》，以飨广大读者。

目录

明代陶瓷

● 青花...10

青花外缠枝菊纹内缠枝莲纹碗	10
青花岁寒三友纹斗笠碗	12
青花葡萄纹折沿盘	13
青花缠枝花卉纹菱花口盘	15
青花缠枝花卉纹天球瓶	16
青花荔枝纹如意耳抱月瓶	17
青花龙纹天球瓶	18
青花折枝牡丹纹花盆	22
青花忍冬纹豆	23
青花缠枝花卉八宝纹高足碗	24
青花团花果纹葵式高足碗	26
青花瑞果纹大碗	28
青花缠枝牵牛花纹四方倭角瓶	30
青花缠枝花卉岁寒三友图盒	32
青花缠枝莲纹盖罐	35
青花婴戏纹碗	36
青花折枝花卉梵文盘	37
青花人物故事图梅瓶	38
青花缠枝秋葵纹碗	40
青花携琴访友图碗	42
青花莲托八宝纹盘	44
青花荷塘龙纹盘	46
青花缠枝莲纹象耳瓶	49
青花穿花龙纹盘	51
青花阿拉伯文碗	52
青花龙穿莲纹渣斗	55
青花婴戏纹碗	57
青花折枝瑞果纹碗	58
青花三阳开泰纹盘	60
青花团龙凤纹葫芦瓶	62
青花缠枝莲托寿字纹大罐	64
青花圣旨牌	65
青花行书诗文碗	66
青花折枝花卉云鹤纹攒盘	68
青花折枝花卉龙纹盒	70
青花翼龙纹高足杯	72
青花四爱图碗	75
青花留白花果纹盘	76
青花克拉克瓷大盘	77
青花梵文莲瓣盘	78
青花云凤纹梅瓶	81
青花朵花纹杯（五件）	82
青花狮子滚绣球纹碗	84
青花天启六年买地券盘	85
青花加官晋爵图莲子罐	87
青花岁寒三友纹压手杯	88
青花洗象纹笔筒	90
青花鸾凤和鸣纹筒瓶	92
黄地青花折枝瑞果纹大盘	94
黄地青花折枝栀子花纹大盘	96
黄地青花折枝栀子花纹大盘	98
黄地青花折枝海棠纹大盘	101
黄地青花龙穿花纹大盘	102
黄地青花松竹梅纹方盘	105
红地青花缠枝牡丹纹出戟尊	106
绿地青花缠枝莲纹盒	108
红地青花人物纹高足碗	109

● 青花加彩...110

青花红彩云龙纹碗	110
青花红彩云龙纹碗	112
青花五彩缠枝牡丹纹葫芦瓶（一对）	114
青花红彩鱼藻纹将军罐	117

5

青花黄彩云龙纹倭角盖盒⋯⋯⋯⋯⋯⋯ 118
青花五彩婴戏纹公道杯⋯⋯⋯⋯⋯⋯⋯ 119
青花五彩花卉纹碗⋯⋯⋯⋯⋯⋯⋯⋯⋯ 120
青花五彩动物纹花瓣形蟋蟀罐⋯⋯⋯⋯ 122
青花五彩吕洞宾何仙姑图盘⋯⋯⋯⋯⋯ 124
青花五彩花朵纹折沿盘⋯⋯⋯⋯⋯⋯⋯ 125

釉里红…126

釉里红缠枝莲纹执壶⋯⋯⋯⋯⋯⋯⋯⋯ 126
釉里红串枝花纹瓜棱大罐⋯⋯⋯⋯⋯⋯ 128
釉里红花卉纹军持⋯⋯⋯⋯⋯⋯⋯⋯⋯ 130
釉里红白龙纹高足碗⋯⋯⋯⋯⋯⋯⋯⋯ 131
釉里红三鱼纹高足碗⋯⋯⋯⋯⋯⋯⋯⋯ 132
釉里红四鱼纹碗⋯⋯⋯⋯⋯⋯⋯⋯⋯⋯ 135
釉里红三果纹高足碗⋯⋯⋯⋯⋯⋯⋯⋯ 136
青花釉里红云龙纹盖碗⋯⋯⋯⋯⋯⋯⋯ 139
青花釉里红海水龙纹高足碗⋯⋯⋯⋯⋯ 140
青花釉里红五彩石榴纹葫芦瓶⋯⋯⋯⋯ 141

斗彩…142

斗彩花鸟纹高足杯⋯⋯⋯⋯⋯⋯⋯⋯⋯ 142
斗彩折枝瑞果双禽纹高足杯⋯⋯⋯⋯⋯ 145
斗彩鸡缸杯（一对）⋯⋯⋯⋯⋯⋯⋯⋯ 146
斗彩夔龙纹杯⋯⋯⋯⋯⋯⋯⋯⋯⋯⋯⋯ 149
斗彩海水瑞兽纹大盘⋯⋯⋯⋯⋯⋯⋯⋯ 150
斗彩花卉湖石纹罐⋯⋯⋯⋯⋯⋯⋯⋯⋯ 152
斗彩瓜蔓行龙纹天字罐⋯⋯⋯⋯⋯⋯⋯ 154
斗彩云龙纹碗⋯⋯⋯⋯⋯⋯⋯⋯⋯⋯⋯ 156
斗彩灵芝纹杯⋯⋯⋯⋯⋯⋯⋯⋯⋯⋯⋯ 158

五彩…160

五彩鸳鸯荷莲纹盘⋯⋯⋯⋯⋯⋯⋯⋯⋯ 160
五彩缠枝花果纹罐⋯⋯⋯⋯⋯⋯⋯⋯⋯ 161
五彩云龙纹盘⋯⋯⋯⋯⋯⋯⋯⋯⋯⋯⋯ 163
五彩莲纹大罐⋯⋯⋯⋯⋯⋯⋯⋯⋯⋯⋯ 164
五彩骑牛图胭脂盒⋯⋯⋯⋯⋯⋯⋯⋯⋯ 166

外青花五彩婴戏内五彩璎珞纹碗⋯⋯⋯ 169
五彩鱼藻纹罐⋯⋯⋯⋯⋯⋯⋯⋯⋯⋯⋯ 170
五彩人物故事图盖罐⋯⋯⋯⋯⋯⋯⋯⋯ 173
五彩莲池鸳鸯纹缸⋯⋯⋯⋯⋯⋯⋯⋯⋯ 174
五彩八仙图碗⋯⋯⋯⋯⋯⋯⋯⋯⋯⋯⋯ 177
五彩缠枝花卉纹碗⋯⋯⋯⋯⋯⋯⋯⋯⋯ 178
锦地开光五彩龙纹大盘⋯⋯⋯⋯⋯⋯⋯ 180
五彩花卉饲雏图盘⋯⋯⋯⋯⋯⋯⋯⋯⋯ 182
五彩梅竹翠鸟图竹节壶⋯⋯⋯⋯⋯⋯⋯ 184
五彩沥粉翼龙纹葫芦瓶⋯⋯⋯⋯⋯⋯⋯ 186
哥釉五彩花卉纹梅瓶⋯⋯⋯⋯⋯⋯⋯⋯ 188
五彩花卉纹碗⋯⋯⋯⋯⋯⋯⋯⋯⋯⋯⋯ 190
五彩牧牛图盘⋯⋯⋯⋯⋯⋯⋯⋯⋯⋯⋯ 191
德化窑五彩花浇⋯⋯⋯⋯⋯⋯⋯⋯⋯⋯ 192
五彩"一路连科"提梁水丞（一对）⋯ 195

素三彩…196

素三彩达摩像⋯⋯⋯⋯⋯⋯⋯⋯⋯⋯⋯ 196
乔彬造素三彩赵公明像⋯⋯⋯⋯⋯⋯⋯ 198
乔彬造素三彩佛陀涅槃及弟子群像一组⋯⋯ 201
素三彩如意云纹六方花盆⋯⋯⋯⋯⋯⋯ 204
素三彩紫地卷草纹长方水仙盆⋯⋯⋯⋯ 205

素三彩盆花纹碗⋯⋯⋯⋯⋯⋯⋯⋯⋯⋯⋯⋯⋯⋯ 206
素三彩云龙纹方斗碗⋯⋯⋯⋯⋯⋯⋯⋯⋯⋯⋯ 208
素三彩戏珠龙纹执壶⋯⋯⋯⋯⋯⋯⋯⋯⋯⋯⋯ 210
素三彩人物纹梅瓶⋯⋯⋯⋯⋯⋯⋯⋯⋯⋯⋯⋯ 212
素三彩云龙纹花觚和烛台（三件）⋯⋯⋯⋯ 214

珐华彩…216

珐华彩"一路连科"纹罐⋯⋯⋯⋯⋯⋯⋯⋯⋯ 216
珐华彩牡丹孔雀纹大罐⋯⋯⋯⋯⋯⋯⋯⋯⋯ 218
珐华彩折枝花卉纹器座⋯⋯⋯⋯⋯⋯⋯⋯⋯ 220
珐华彩八仙纹葫芦瓶⋯⋯⋯⋯⋯⋯⋯⋯⋯⋯ 222
珐华彩缠枝花卉纹梅瓶⋯⋯⋯⋯⋯⋯⋯⋯⋯ 224
珐华彩梅花纹瓶⋯⋯⋯⋯⋯⋯⋯⋯⋯⋯⋯⋯ 226
珐华彩莲池会观音像⋯⋯⋯⋯⋯⋯⋯⋯⋯⋯ 229
珐华彩鱼形摆件⋯⋯⋯⋯⋯⋯⋯⋯⋯⋯⋯⋯ 230
珐华彩荷池莲纹梅瓶⋯⋯⋯⋯⋯⋯⋯⋯⋯⋯ 232
珐华彩镂空高士图大罐⋯⋯⋯⋯⋯⋯⋯⋯⋯ 235

杂彩…236

白地红彩云龙纹盘⋯⋯⋯⋯⋯⋯⋯⋯⋯⋯⋯ 236
白地绿彩行龙纹盘⋯⋯⋯⋯⋯⋯⋯⋯⋯⋯⋯ 239
白地红彩阿拉伯文高足碗⋯⋯⋯⋯⋯⋯⋯⋯ 240
黄地绿彩龙纹渣斗⋯⋯⋯⋯⋯⋯⋯⋯⋯⋯⋯ 243
绿地金彩缠枝花卉纹碗⋯⋯⋯⋯⋯⋯⋯⋯⋯ 244
红地黄彩牡丹纹方口盘⋯⋯⋯⋯⋯⋯⋯⋯⋯ 245
白地红彩四鱼纹盘⋯⋯⋯⋯⋯⋯⋯⋯⋯⋯⋯ 247
红地金彩折枝花卉纹葫芦瓶⋯⋯⋯⋯⋯⋯⋯ 248
蓝地金彩云龙纹如意耳活环对瓶⋯⋯⋯⋯⋯ 250
红地金彩缠枝莲纹罐⋯⋯⋯⋯⋯⋯⋯⋯⋯⋯ 252
蓝地金彩龙纹爵⋯⋯⋯⋯⋯⋯⋯⋯⋯⋯⋯⋯ 254
蓝地白花鱼藻纹碗⋯⋯⋯⋯⋯⋯⋯⋯⋯⋯⋯ 256
绿地黄彩花卉纹盏托⋯⋯⋯⋯⋯⋯⋯⋯⋯⋯ 258
酱地白花蒜头瓶（一对）⋯⋯⋯⋯⋯⋯⋯⋯ 260
回青地白花折枝梅纹蒜头瓶⋯⋯⋯⋯⋯⋯⋯ 262
黄地紫彩人物故事纹出戟花觚⋯⋯⋯⋯⋯⋯ 264
蓝地描金缠枝莲纹碗⋯⋯⋯⋯⋯⋯⋯⋯⋯⋯ 267

颜色釉…268

龙泉窑青釉八卦纹砚台⋯⋯⋯⋯⋯⋯⋯⋯⋯ 268
青釉葵花口盘⋯⋯⋯⋯⋯⋯⋯⋯⋯⋯⋯⋯⋯ 270
青釉刻缠枝牡丹纹碗⋯⋯⋯⋯⋯⋯⋯⋯⋯⋯ 271
龙泉窑青釉麒麟纹砚屏⋯⋯⋯⋯⋯⋯⋯⋯⋯ 273
龙泉窑青釉"正德丁丑"款三足炉⋯⋯⋯⋯ 275
青釉卧足碗⋯⋯⋯⋯⋯⋯⋯⋯⋯⋯⋯⋯⋯⋯ 276
甜白釉爵⋯⋯⋯⋯⋯⋯⋯⋯⋯⋯⋯⋯⋯⋯⋯ 277
白釉僧帽壶⋯⋯⋯⋯⋯⋯⋯⋯⋯⋯⋯⋯⋯⋯ 278
白釉暗刻莲纹碗⋯⋯⋯⋯⋯⋯⋯⋯⋯⋯⋯⋯ 280
白釉青花"坛"字碗⋯⋯⋯⋯⋯⋯⋯⋯⋯⋯⋯ 282
白釉碗⋯⋯⋯⋯⋯⋯⋯⋯⋯⋯⋯⋯⋯⋯⋯⋯ 284
白釉碗⋯⋯⋯⋯⋯⋯⋯⋯⋯⋯⋯⋯⋯⋯⋯⋯ 285
白釉暗刻缠枝莲纹杯⋯⋯⋯⋯⋯⋯⋯⋯⋯⋯ 286
白釉暗刻龙纹盖罐⋯⋯⋯⋯⋯⋯⋯⋯⋯⋯⋯ 288
白釉镂空锦地开光花卉纹香薰⋯⋯⋯⋯⋯⋯ 290
德化窑何朝宗观音像⋯⋯⋯⋯⋯⋯⋯⋯⋯⋯ 292
外红釉内蓝釉暗刻云龙纹高足杯⋯⋯⋯⋯⋯ 294
红釉碗⋯⋯⋯⋯⋯⋯⋯⋯⋯⋯⋯⋯⋯⋯⋯⋯ 297
宝石红釉盘⋯⋯⋯⋯⋯⋯⋯⋯⋯⋯⋯⋯⋯⋯ 298
红釉盘⋯⋯⋯⋯⋯⋯⋯⋯⋯⋯⋯⋯⋯⋯⋯⋯ 299
霁蓝釉盘⋯⋯⋯⋯⋯⋯⋯⋯⋯⋯⋯⋯⋯⋯⋯ 300
洒蓝釉卧足碗⋯⋯⋯⋯⋯⋯⋯⋯⋯⋯⋯⋯⋯ 301
霁蓝釉暗刻龙纹盘⋯⋯⋯⋯⋯⋯⋯⋯⋯⋯⋯ 303
孔雀蓝釉荷塘纹执壶⋯⋯⋯⋯⋯⋯⋯⋯⋯⋯ 304
蓝釉碗⋯⋯⋯⋯⋯⋯⋯⋯⋯⋯⋯⋯⋯⋯⋯⋯ 306
绿釉三足水丞⋯⋯⋯⋯⋯⋯⋯⋯⋯⋯⋯⋯⋯ 307
绿釉桃形执壶⋯⋯⋯⋯⋯⋯⋯⋯⋯⋯⋯⋯⋯ 308
黄釉撇口盘⋯⋯⋯⋯⋯⋯⋯⋯⋯⋯⋯⋯⋯⋯ 309
黄釉盘⋯⋯⋯⋯⋯⋯⋯⋯⋯⋯⋯⋯⋯⋯⋯⋯ 311
黄釉碗⋯⋯⋯⋯⋯⋯⋯⋯⋯⋯⋯⋯⋯⋯⋯⋯ 312
黄釉缠枝莲纹葫芦瓶⋯⋯⋯⋯⋯⋯⋯⋯⋯⋯ 314
黄釉二龙戏珠纹钵⋯⋯⋯⋯⋯⋯⋯⋯⋯⋯⋯ 316
茄皮紫釉暗刻龙凤纹盘⋯⋯⋯⋯⋯⋯⋯⋯⋯ 317
酱釉碗⋯⋯⋯⋯⋯⋯⋯⋯⋯⋯⋯⋯⋯⋯⋯⋯ 318

明代

○ 陶瓷

  中国瓷器的发展，由宋代的大江南北成百上千窑口百花争艳的态势经过元代过渡之后，到明代几乎变成了由景德镇各瓷窑一统天下的局面。青花瓷自明永乐和宣德后奠定了中国瓷业发展的主流地位，同时白瓷质量的提高也为彩瓷的盛行打开了局面，尤以明成化斗彩为一绝。

> 白釉青花一火成，花从釉里透分明。
> 可参造化先天妙，无极由来太极生。
> 青花浓淡出毫端，画上磁坯面面宽；
> 织得卫风歌尚絅，乃知罩泐理同看。
> 青料惟夸韭菜边，成窑描写淡弥鲜；
> 正嘉偏尚浓花色，最好穿珠八宝莲。
>
> ——龚鉽·陶歌

明永乐

青花荔枝纹如意耳抱月瓶

英国大英博物馆(British Museum)

青花

青花外缠枝菊纹内缠枝莲纹碗

年　代：明洪武
尺　寸：高16厘米，口径41.2厘米
产　地：江西景德镇
收藏地：英国大英博物馆（British Museum）
入藏号：1975.1028.7

　　直口，深弧壁，圈足。内外以青花装饰，外口沿绘缠枝的菊花、莲花和牡丹交替纹饰，外腹部绘流畅的缠枝菊花纹，近足处绘变形莲瓣朵花纹，外足端饰一周回纹；碗内底部平坦，中心青花双圈内饰两朵菊花，外围以六个不同样的荷花纹，内腹壁绘各色的八朵缠枝莲，内腹壁与碗底交接处则饰一周连续的回纹，口沿饰缠枝莲纹。圈足露胎。

　　器型硕大规整，线条初具圆润感，具有明洪武时的典型特征。青花发色偏灰，釉面细腻、洁净，纹饰繁而不乱，画风清秀。值得注意的是，洪武时期的菊纹已呈扁椭圆形，花心绘斜网状，花瓣最里层是线描的白色小花瓣，外层填色花瓣的顶部和另一侧都留白边，用以表现花瓣的层次。

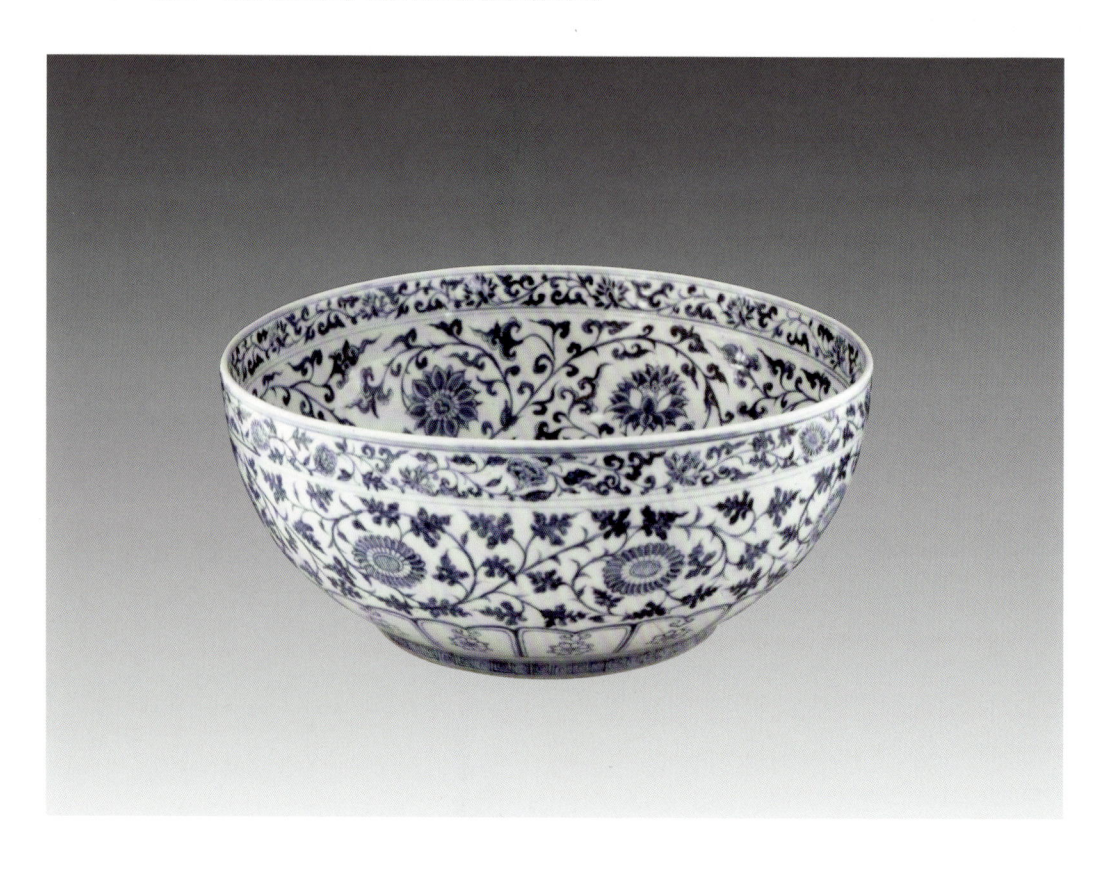

11

青花岁寒三友纹斗笠碗

年　　代：明永乐
尺　　寸：高8.4厘米，口径22.2厘米
产　　地：江西景德镇
收藏地：美国费城艺术博物馆（Philadelphia Museum of Art）

入藏号：1984-116-1

　　侈口，斜腹壁，小圈足，因倒置形如斗笠而名。碗内光素无纹，外壁以青花绘岁寒三友纹。岁寒三友纹源于中国文人画，是瓷器的传统寓意图案。松经冬不凋，梅耐寒开花，竹清高不屈，以象征常青不老的松、君子之道的竹和冰肌玉骨的梅组成图案，用来表达清高、坚贞的气节。此碗胎体细白坚致，釉面莹润，纹饰松针圆如扇面，梅瓣简单明了，竹叶尖长伸展，勾勒细致，写实工整。青花发色整体偏灰，但浓淡有序，倒也颇有几分飘逸雅致的意味，具永乐青花的典型特征。

青花葡萄纹折沿盘

年　代：明永乐

尺　寸：口径38厘米

产　地：江西景德镇

收藏地：荷兰国立博物馆（Rijks Museum）

入藏号：1975.1028.7

　　折沿，浅弧壁，圈足。盘外壁施白釉，内以青花装饰，折沿处绘波涛汹涌的海水纹，内壁为莲花、牡丹、菊花、山茶花、月季花等组在一起的缠枝花卉纹，盘心主题纹饰为一枝果实累累的葡萄纹，整体纹饰疏密有致，层次分明。葡萄纹多取葡萄多子多福之寓意，葡萄蔓延的枝条和丰硕的果实，象征着"富贵长寿"，特别贴近人们祈盼子孙绵长、家庭兴旺的愿望，因此成为人们喜闻乐见的装饰题材。

　　明永乐、宣德时期是中国青花瓷器生产的黄金时代，此器型完美的折沿盘为其典型传世之作。因所用青料中含有高量铁元素的"苏麻离青"，因此在聚釉处呈铁褐色，在洁白细腻的地子衬托之下，会产生一种凹凸有致的错觉，清丽明妍的发色令人心旷神怡。

14

青花缠枝花卉纹菱花口盘

年　代：明永乐
尺　寸：高6.2厘米，口径34.3厘米
产　地：江西景德镇
收藏地：英国大维德基金会（Percival David Foundation of Chinese Art）

入藏号：PDF, A.600

　　敞口，宽边折沿，菱花口，浅弧壁，圈足，外底无釉。釉质洁白莹润，致密坚硬。青花发色浓艳深沉，色闪深蓝，凝聚处可见黑褐色结晶斑，深凹于胎骨。外壁微呈十二花瓣形，腹部青花绘十二朵折枝四季花卉纹；盘内口沿饰浪花纹，腹壁绘单株十二月花卉，底部绘六朵缠枝花卉纹，构图丰满有秩，画法技法娴熟，色调鲜艳和谐，制工精湛，造型华贵雅洁，为难得一见的明永乐时期景德镇生产的珍品。

青花缠枝花卉纹天球瓶

年　　代：明永乐

尺　　寸：高43.7厘米

产　　地：江西景德镇

收藏地：英国大英博物馆（British Museum）

入藏号：1978,0523.1

　　唇口，长颈，圆弧球形腹，平底。通体施白釉，以青花装饰。口沿一圈弦纹，颈部绘缠枝莲纹和上仰变形如意云头纹，内绘花蕾；腹部铺满四季缠枝花卉纹，花叶翻卷有度，脉络清晰，笔法流利。青花呈色浅淡柔和，典雅宜人，给人以清新悦目、幽雅脱俗之感。明代成化时期多为轻巧圆润的小件，胎体厚重的大件器物较少见，此件稳重端庄的天球瓶因此更显珍贵。

年　代：明永乐

尺　寸：高25厘米

产　地：江西景德镇

收藏地：英国大英博物馆（British Museum）

入藏号：1947,0712.325

青花荔枝纹如意耳抱月瓶

小口，直颈，圆月腹，颈饰一对如意耳，假圈足。抱月瓶最早源自宋元时期流行于西夏的陶制马挂瓶，左右双系，用以挂于马鞍之侧，以明代永宣时期最负盛名，以青花为饰，将色彩与器型完美融于一体，使其成为陈设器中的经典之一。

这件抱月瓶腹部两面都描绘有花果一体的连枝荔枝纹，近底部饰浪花纹，颈部有如意云头纹和蕉叶纹。荔枝为南方常见植物，一年四季常绿，明朝时南方人也用荔枝来酿酒，因此用荔枝纹来装饰赠酒和盛酒的抱月瓶，寓意更贴切。而且，在中国的传统纹饰中，荔枝也是吉祥的象征，代表"喜得贵子"。

青花龙纹天球瓶

年　　代：明永乐

尺　　寸：高47.8厘米（左）；高44.6厘米（右）

产　　地：江西景德镇

收 藏 地：英国大维德基金会（Percival David Foundation of Chinese Art）

入藏号：PDF,B.667（左）；PDF.662（右）

　　小口微侈，长颈自上而下渐阔，丰肩，圆球形腹，浅圈足，底部无釉露胎。因腹圆硕大，好似天降而名。天球瓶是受西亚文化影响极深的一种瓷器造型，创烧于明永乐、宣德年间，以海水龙纹为贵。

　　两瓶均以青花为饰。左边天球瓶口沿饰回纹，颈绘缠枝莲纹，腹部主题纹饰为穿莲龙纹，威龙两目圆睁，束发上扬，四肢健壮，龙鳞清晰，三爪锋利有力，动感十足。右边天球瓶口沿绘卷草纹，颈部为缠枝莲纹，腹部主题纹饰为青花留白海水龙纹，一条矫健威猛的白龙在滔天巨浪中遨游，大有水珠激溅、迎面而来之感。

　　两瓶釉面光润，胎骨细腻轻盈，造型稳重规整；青花发色浓淡有别，色泽纯正，勾画精细，线条流畅。

19

20

21

青花折枝牡丹纹花盆

年　代：明永乐
尺　寸：高14厘米，口径26厘米
产　地：江西景德镇
收藏地：美国国立亚洲艺术博物馆（Freer and Sackler Galleries）
入藏号：1975.1028.7

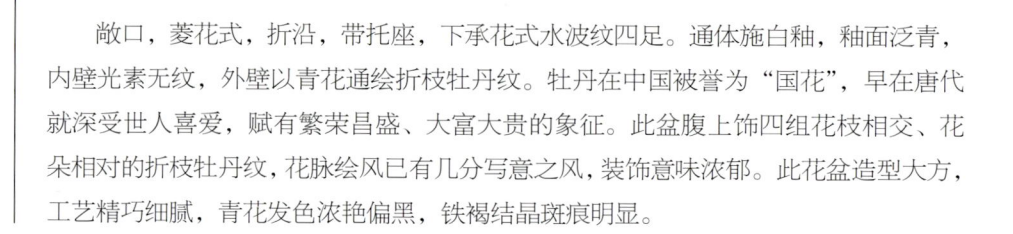

　　敞口，菱花式，折沿，带托座，下承花式水波纹四足。通体施白釉，釉面泛青，内壁光素无纹，外壁以青花通绘折枝牡丹纹。牡丹在中国被誉为"国花"，早在唐代就深受世人喜爱，赋有繁荣昌盛、大富大贵的象征。此盆腹上饰四组花枝相交、花朵相对的折枝牡丹纹，花脉绘风已有几分写意之风，装饰意味浓郁。此花盆造型大方，工艺精巧细腻，青花发色浓艳偏黑，铁褐结晶斑痕明显。

青花忍冬纹豆

年　代：明宣德
尺　寸：高10.3厘米
产　地：江西景德镇
收藏地：英国大维德基金会（Percival David Foundation of Chinese Art）
入藏号：PDF, A.636

　　圆口微敛，圆深腹，高圈足，足座外撇中空，仿古时青铜豆的造型。通体以青花为饰，外口沿处绘花瓣纹一周，弦纹下为缠枝忍冬纹和菊瓣纹，上书"大明宣德年制"六字一行楷书款。足颈处饰弦纹，足座沿面绘菊瓣及点状纹各一圈。

　　全器精致细巧，典雅秀美，质地细腻，釉面白中闪青，青花发色浓翠，黑褐色铁锈结晶斑清晰可见。

青花缠枝花卉八宝纹高足碗

年　代：明宣德

尺　寸：口径15.9厘米

产　地：江西景德镇

收藏地：英国大维德基金会（Percival David Foundation of Chinese Art）

入藏号：PDF, B.630

　　侈口，深弧壁，高圈足。通体白釉，内壁光素，外壁口沿处饰双弦纹一圈，腹壁以青花绘金轮、白海螺、胜利幢、宝伞、莲花、宝瓶、金鱼、吉祥结等佛家八种吉祥物，近底部饰一周莲瓣纹，高圈足处则绘卷草纹。外底无款，碗心青花书"大明宣德年制"六字一排楷书直款，外加长方双框边及双圈。整器胎质细腻，胎骨均匀，青花发色浓艳，略有晕散，釉深处带褐绿色斑及铁褐色结晶疵斑。

25

青花团花果纹葵式高足碗

年　代：明宣德

尺　寸：高11.3厘米，口径16.6厘米

产　地：江西景德镇

收藏地：英国大维德基金会（Percival David Foundation of Chinese Art）

入藏号：PDF, A.602

　　敞口外侈，呈十瓣葵花式，斜深壁，高足。通体以白釉为地，上以青花为饰。碗口沿内外饰弦纹两道，内壁光素，碗心青花双圈内落"大明宣德年制"六字两行楷书款。外壁以团花果纹为饰，绘桃子、柿子、葡萄、石榴、樱桃等瑞果纹；底边饰变形莲瓣纹一周，近足处绘弦纹两道。此碗胎骨均匀，釉面青白，青花浓艳，器型隽秀。

27

青花瑞果纹大碗

年　代：明宣德
尺　寸：高9.6厘米，口径26.1厘米
产　地：江西景德镇
收藏地：美国国立亚洲艺术博物馆（Freer and Sackler Galleries）
入藏号：F1952.6

　　侈口，厚沿，深弧壁，圈足。釉面白中微闪青，光泽莹润，胎质缜密细腻。碗内光洁，碗外口沿饰弦纹两周，腹壁以青花绘桃子、石榴、柿子、葡萄等六组折枝瑞果纹，近底处以莲瓣纹衬托，足部绘六组花卉纹，外口沿处以青花书"大明宣德年制"六字一行楷书款。此碗形制大而稳重，规整有矩；青花发色艳丽，图案生动，且保存完好，为传世同类器中之上品。

29

青花缠枝牵牛花纹四方倭角瓶

年　代：明宣德
尺　寸：高14.5厘米
产　地：江西景德镇
收藏地：英国大维德基金会（Percival David Foundation of Chinese Art）
入藏号：PDF, A.633

　　唇口，直颈，倭角式方腹，铺首双耳，圈足外侈。口沿足部无饰，颈与腹以青花绘缠枝牵牛花六朵，茎蔓缠绕，疏密得当。铺首为兽头，双目怒凸，獠牙锋利，威猛异常。底部处理为台阶式，内青花内书"大明宣德年制"六字两行双圈楷书款。

　　本器隽巧可爱，独特新奇，带有浓厚的西亚文化色彩；青花苍健雄浑，铁褐结晶斑痕明显，深入胎骨。宣德一朝承袭前朝技艺而重创新，不乏超越前朝之作，故不少器皿仅为宣德一朝所独有，本品即是其中显赫而珍罕的一例。此器清康熙、雍正、乾隆三朝皆有仿作。

31

青花缠枝花卉岁寒三友图盒

年　代：明宣德

尺　寸：高7.2厘米，长32厘米

产　地：江西景德镇

收藏地：英国大维德基金会（Percival David Foundation of Chinese Art）

入藏号：PDF, A.629

　　盒身呈长方椭圆，子母口，当为文房用具，两边供笔洗，中间供笔掭之用。盖通体上下均以青花为饰，上盖外绘卷枝草纹，开光内为连枝花卉纹；盖内则饰松、竹、梅岁寒三友图，竹叶与松枝陪衬着怒放的梅花，清新淡雅。盖的口沿处饰缠枝花卉纹一周，盒身以金钱纹为地，开光内绘连枝花卉；内以卷草纹为饰，底绘一枝并头盛开的菊花纹。白釉莹润，青花淡浓有致，构图规整有序，极得水墨意蕴，一派官窑风范。

33

34

青花缠枝莲纹盖罐

年　代：明宣德

尺　寸：高28.5厘米，腹径26.2厘米

产　地：江西景德镇

收藏地：英国大维德基金会（Percival David Foundation of Chinese Art）

入藏号：PDF, A.615

　　直口，短颈，丰肩，敛腹收至足部，圈足。胎质精密细腻，洁白坚硬。足底无釉为白色细砂底，足边有火石红斑点，中心以青花书"大明宣德年制"六字两行两行双圈楷书款。大罐带盖，盖边沿向上翻卷如帽，与盖身巧妙连成上下错列的花瓣纹，内分绘八组云纹和折枝花卉纹；蟠螭为纽，张口，卷尾，曲身为系。

　　罐内光洁，外通体以青花为饰。颈部饰八组朵花纹，肩部与足部皆绘饱满硕大的莲瓣纹，腹部绘缠枝莲纹。缠枝纹又名"万寿藤"，因其结构连绵不断，故有"生生不息"之寓。每朵莲花以枝蔓连接，瓣心露白，形神皆佳，充满动感。

　　此罐形制朴实饱满，线条圆润，青花发色浓郁，具朝代特征，为宣德青花瓷器精品。

青花婴戏纹碗

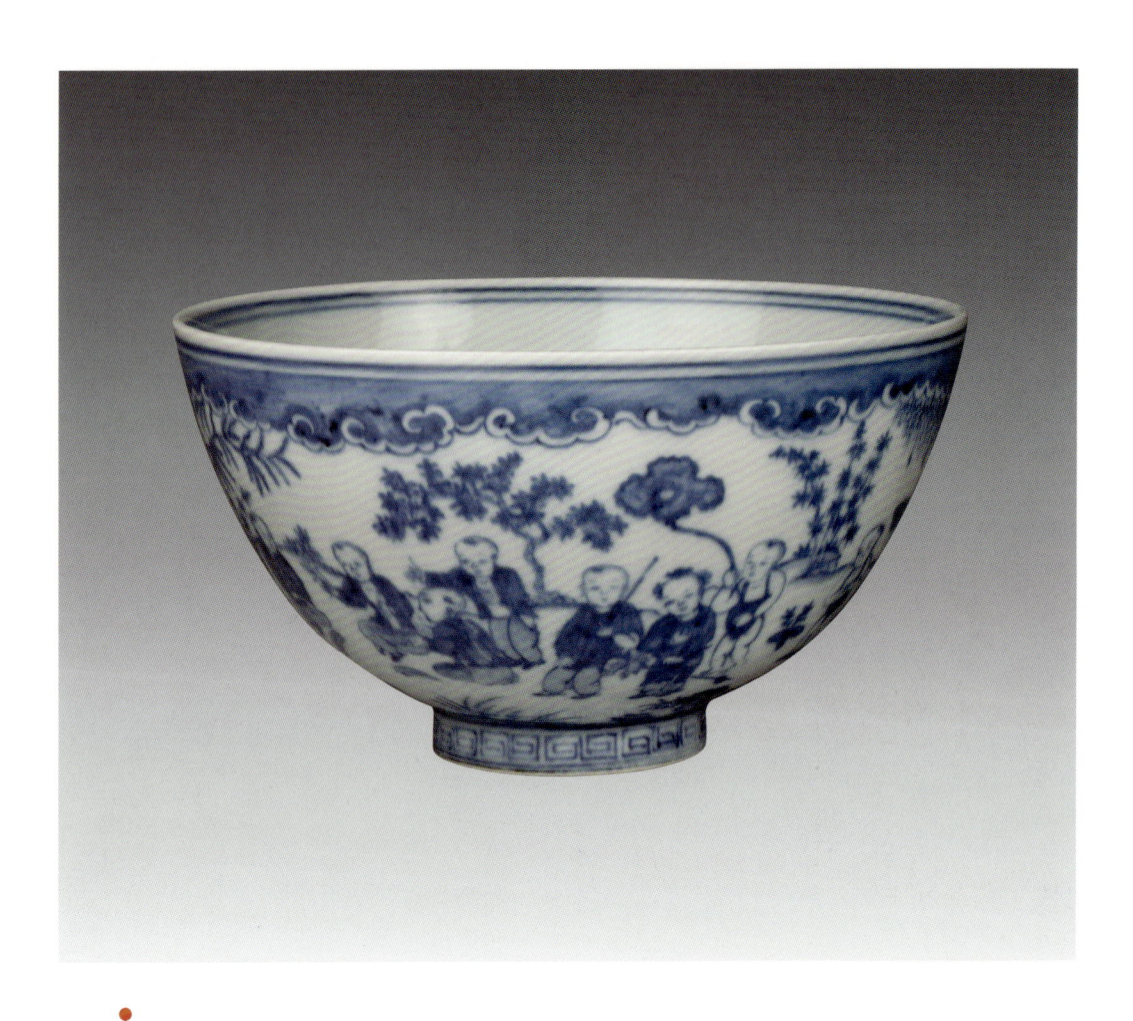

年　代：明空白期

尺　寸：高12.2厘米，口径22.1厘米

产　地：江西景德镇

收藏地：英国维多利亚和阿尔伯特博物馆（Victoria and Albert Museum）

入藏号：FE.35-1972

　　敞口，深腹，圈足。造型规整，釉面光洁莹润，青花发色艳丽明快。碗内仅以青花沿边饰两圈弦纹，足墙上饰回纹，碗腹用青花绘婴戏纹。中国古代崇尚多子多福，因此婴戏纹自唐代盛行以来一直是瓷器纹饰的常见图案，纹饰图案多以一个或多个顽皮可爱的男婴组成，画面普遍生动活泼，充满着童真的情趣和吉祥的意蕴。青花婴戏图始见于元代，明初主要以碗为主，内容多为庭园玩耍，因莲谐音"连"，故婴戏也常见童子玩莲或肩负荷叶交脚而行，寓意"连生贵子"。此碗中的童子圆脸、大头、矮胖，头顶寸辫，五官清晰，衣着分明，或坐、或立、或说、或笑，在雅石、角竹、丛草和独松的陪衬下，天真可爱，童趣跃于画外。

年　代：明空白期
尺　寸：高3.5厘米，口径17.3厘米
产　地：江西景德镇
收藏地：英国大英博物馆（British Museum）
入藏号：1968,1221.8

青花折枝花卉梵文盘

侈口，浅弧壁，圈足。盘满施白釉，以青花为饰。盘口沿为编织纹，内壁绘莲托梵文，中心青花双圈内书一梵文字符，周边为折枝牡丹和折枝樱桃纹；盘外壁绘莲托八宝纹。釉面白净，润泽有光，青花呈色灰蓝，勾勒简洁写意，涂抹细致。

青花人物故事图梅瓶

年　代：明空白期
尺　寸：高22.8厘米，腹径14.4厘米
产　地：江西景德镇
收藏地：美国国立亚洲艺术博物馆（Freer and Sackler Galleries）

入藏号：F1953.3a-b

　　圆唇小口，短直颈，丰肩，肩以下逐渐内收，圈足。造型优美秀丽，釉面青白闪亮，青花发色浓艳，勾勒线条流畅。梅瓶自上而下，分别饰云纹、变形莲瓣纹、蕉叶纹、人物纹、垂花纹等，纹饰多为双笔勾勒，逼真写实。

　　人物图在正统、景泰、天顺三朝的器皿上甚为流行，其内容大多表现文人闲情逸趣的生活场景。此梅瓶中用庭园一角的雅致暗示了主人的身份，相互交谈的童子也点出了来访者的不同，尤其是童子怀里抱着的古琴，点明了高士携琴访友的主旨。人物迎风而立，冠带、衣衫飘扬，神情悠然。灵芝形云纹，粗重豪放，伴有层层的小圈密布于云气的一侧。这种特殊的流云纹，既不同于明初的疏简，又与成化以后的圆柔有异，其时代特征较为突出。值得注意的是，这一时期作衬托的柳树条通常如断续的雨点。

39

青花缠枝秋葵纹碗

年　代：明成化

尺　寸：高7厘米，口径14.6厘米

产　地：江西景德镇

收藏地：英国大维德基金会（Percival David Foundation of Chinese Art）

入藏号：PDF, A.646

  敞口微侈，弧壁圆滑，圈足。釉质细腻，釉面湿润如玉，透亮若脂，造型隽秀蕴藉，足底以青花书"大明成化年制"六字两行双圈楷书款。碗口沿内外均以青花饰弦纹两圈，腹内外绘缠枝秋葵纹，花瓣圆润散舒，叶脉静幽有芒，淡蓝漫抹，浓青勒骨，更有新蕾悄然而立，风情难掩。碗心青花双圈内团花葵瓣旋卷呈，柔和动人。

  此碗所用的青花料是国产的平等青，蓝中带灰，发色稳定，淡雅柔和，而且画工非常细腻，代表了明成化时期青花瓷的鼎盛水平。

41

青花携琴访友图碗

年　代：明成化
尺　寸：高9.5厘米，口径20.4厘米
产　地：江西景德镇
收藏地：美国国立亚洲艺术博物馆（Freer and Sackler Galleries）

入藏号：F1952.4

敞口微侈，弧壁深腹，圈足。口沿及足部饰青花双圈弦纹，内壁光素无纹，仅在碗心青花双圈内绘松、竹、梅岁寒三友图。外腹绘携琴访友图，高士们相访得见，交谈甚欢；琴童们携琴随主而来，彼此也颇为投缘。挺拔的翠竹，高大遒劲的松树及峻朗雅致的山石恰到好处地点缀其间，周围祥云围绕，庭院隐现，画中人怡然而乐，好似世外桃源。整器釉面肥润，青花发色淡雅沉稳，纹饰采用成化朝常用的线描手法，人物均穿一件单衣，为"成窑一件衣"的典型体现。

携琴访友图取材于春秋时期钟子期、俞伯牙因琴音相知，后俞伯牙携琴来访，因钟子期早逝，俞伯牙摔琴吊友的故事，此纹饰与岁寒三友组合在一起，更突出了高士们清高坚贞的气节。

43

青花莲托八宝纹盘

年　　代：明成化
尺　　寸：高4厘米，口径19.2厘米
产　　地：江西景德镇
收 藏 地：英国大维德基金会（Percival David Foundation of Chinese Art）
入 藏 号：PDF, B.627

撇口外侈，浅弧腹，圈足。胎质洁白、细密，胎体轻薄，施釉肥腴，釉质润如凝脂。盘心绘莲托宝轮，内壁则为莲托其他佛家七宝，外壁饰莲座托八宝纹。底白釉，以青花书"大明成化年制"六字两行双圈楷书款。青花发色浓艳幽蓝，浓重处黑褐色结晶斑明显，与宣德晚期青花非常接近，是成化初期官窑瓷的特征。

莲托八宝纹最早见于元代瓷器，是佛教吉祥纹饰，缠枝莲则象征洁净、连绵不断。成化时宪宗笃信佛教、道教，京城内寺庙常建、法事不断，这一时期景德镇御窑瓷器也难免受到影响，梵藏文佛经和佛教图案也经常出现。

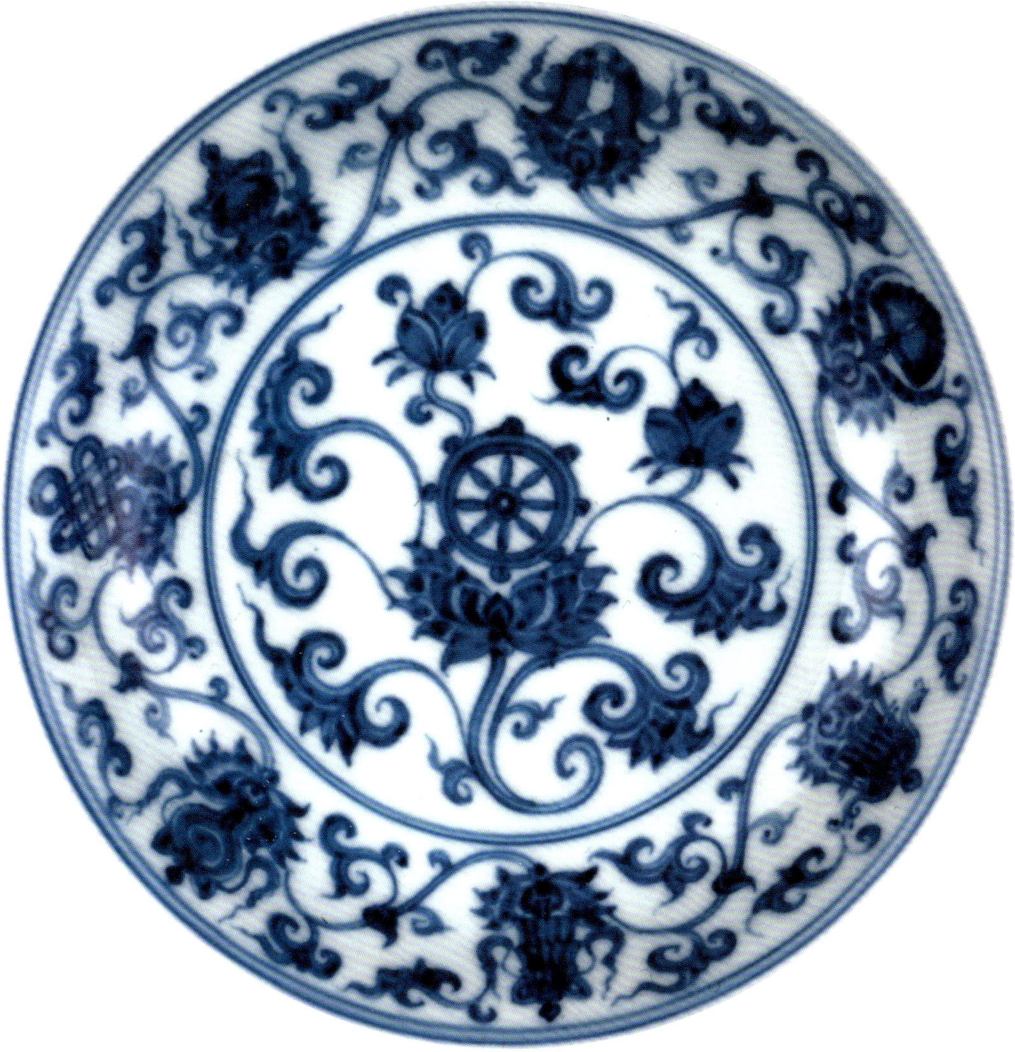

青花荷塘龙纹盘

年　代：明弘治

尺　寸：高4.5厘米，口径21.5厘米

产　地：江西景德镇

收藏地：英国大维德基金会（Percival David Foundation of Chinese Art）

入藏号：PDF, A.641

　　敞口，浅弧壁，圈足。胎体规整，釉面肥厚滋润，青花发色艳丽，呈灰蓝色。盘心及内外壁青花饰荷塘龙纹，外底以青花书"大明弘治年制"六字两行双圈楷书款，一改成化款硬朗遒劲的字体，间距疏朗，笔画纤细。

　　穿花龙纹又称"串花龙纹"，"花间龙纹"，寓意"江山万代，延绵不断"，明代穿花龙始见于永乐官窑瓷，正德时期最为鼎盛。只是弘治时期的龙纹已经失去前朝时凶猛威武，龙首呈扁长方形，嘴巴紧闭，束发上冲，双眼圆睁平视，龙爪五趾呈风车状，鳞片绘工精细。

47

48

青花缠枝莲纹象耳瓶

年　　代：明弘治

尺　　寸：高62.6厘米

产　　地：江西景德镇

收藏地：英国大英博物馆（British Museum）

入藏号：PDF.680

　　盘口，短粗颈，敛腹，圈足，颈部两侧各附一象首环耳。形制粗重雄浑，胎质白中泛青，青花色泽浓艳。瓶口青花书"江西饶州府浮县里仁都程家巷，信士弟子程彪喜舍香炉花瓶三件共壹付，送到北京顺天府关王庙永远供养，专保合合家清吉，买卖亨通。弘治九年五初十吉日，信士弟子程存二造"72字纪年款，颈处自下绘蕉叶纹、莲托花卉纹、缠枝莲纹、海水江崖纹，层次清晰，繁而不乱。花叶小而密，勾勒浓重，浪花鳞次栉比，"壬"字形云纹时代特征明显。此瓶是弘治青花典型断代器。

　　佛教认为佛、菩萨都是有大功德的圣者，是众生的皈依处，尊重佛、菩萨必须有所表示，供器就是为了表示对佛、菩萨的恭敬和礼拜所用。此瓶是信士送至佛前的供器之一，求的是全家清平吉祥，生意兴隆。

50

青花穿花龙纹盘

年　代：明正德

尺　寸：高4.7厘米，口径21.6厘米

产　地：江西景德镇

收藏地：美国国立亚洲艺术博物馆（Freer and Sackler Galleries）

入藏号：F1962.17

　　撇口，浅弧腹，圈足。造型规整，施釉平整莹润。盘心青花双圈内绘一立龙，张口伸舌，上颚长于下颚，高高上翘且前卷，略似象鼻，下唇须三条一束逆风飘扬，身体长而卷曲，鳞片清晰，五爪尖锐，风车状排列。盘外壁绘两条闭嘴游龙穿梭于缠枝莲花间，布局疏密有致；游龙身躯细长，四肢强壮；花卉纤细工整，花大叶小。花朵先勾勒轮廓，再涂较淡的青料，为正德独有风格。青花发色泛灰蓝，在清透的釉面上更显清雅。盘底则是难得一见的青花双圈八思巴文款识。

　　八思巴文为元代乌斯藏（今西藏地区）僧人八思巴所创，元末后即废弃不用。正德年官窑龙纹瓷器出现以"八思巴文"书写款识的器皿，据推测，作用有二：一是供入住豹房（明武宗朱厚照营建的集享乐和处理政务于一体的宫室建筑）的国师、活佛使用，二是用来犒赏蒙藏的上层僧侣。

青花阿拉伯文碗

年　　代：明正德

尺　　寸：高12.3厘米，口径28厘米

产　　地：江西景德镇

收藏地：美国国立亚洲艺术博物馆（Freer and Sackler Galleries）

入藏号：F1953.75

  侈口外撇，深腹，圈足。胎质细腻，胎骨轻薄，釉面闪青，器型灵秀。碗口沿内外均以青花绘回纹，碗心绘一阿拉伯文，外围卷草纹一周。外腹以青花双圈开光绘六组阿拉伯文，六组两两相对的西番莲纹，近底处绘莲瓣纹一周，足部绘相互连接的如意云头纹。纹饰勾画细腻，青花发色浓淡有致，底部以青花双圈书"大明正德年制"六字两行楷书款。

  明正德时期，武宗崇尚伊斯兰教，因此景德镇的御窑厂烧制了大量具有阿拉伯文字装饰的瓷器，其中多为《古兰经》中的圣训格言和赞美真主的字句。此碗就是其中的精品之一。

53

54

青花龙穿莲纹渣斗

年　代：明正德

尺　寸：高12.5厘米，口径15.4厘米

产　地：江西景德镇

收藏地：美国国立亚洲艺术博物馆（Freer and Sackler Galleries）

入藏号：F1951.9

　　喇叭口，宽沿，阔颈，收肩，鼓腹，圈足，形如尊。渣斗，用于盛装食物残渣，古代望族居家设宴必备，小一点的用来盛放茶渣。此器内壁白釉，足墙处饰灵芝纹一周，口沿及外壁绘六对穿莲龙纹，纹饰采用勾勒轮廓线内平涂的技法，线条流畅，疏密有致，写意奔放。龙身细长，双目呈一字平排，称为"眼睛龙"，为明代中期龙纹典型形象。青花发色蓝中闪灰，苍雅质朴。器底以青花双圈书"正德年制"四字两行楷书款。

　　青花穿花龙纹为正德时官瓷的流行款饰，常见于盘、高足碗和渣斗等器。

56

青花婴戏纹碗

年　代：明嘉靖
尺　寸：高15.2厘米，口径31.1厘米
产　地：江西景德镇
收藏地：美国大都会艺术博物馆（Metropolitan Museum of Art）

入藏号：2001.738

　　敞口，深腹，圈足。胎体厚重沉稳，釉面白中闪青灰色，胎质细腻滋润。碗内壁光素，外壁以青花绘庭院婴戏图，画面以松柏、芭蕉树为界，自然地将童子们分为两组，童子或持莲叶，或执风车，或戏木偶，或抱家禽，或握瓶子，骑木马，或提灯笼，或拉木车，无忧无虑戏耍于草坪之上。四周巧妙衬以栏杆、草石、祥云，使画面疏密有致。嘉靖朝的婴戏图中，婴孩均着蓝袍，脸丰头大，后脑凸出，前额或为数根刘海，或为一撮三角髻。碗底以青花双圈书"大明嘉靖年制"六字两行楷书款。整器青花发色浓翠，蓝中泛紫，艳丽而浓烈，是嘉靖朝青花珍品。

青花折枝瑞果纹碗

年　代：明嘉靖
尺　寸：高13厘米，口径28厘米
产　地：江西景德镇
收藏地：英国大维德基金会（Percival David Foundation of Chinese Art）

入藏号：PDF, C.627

　　敞口，深弧壁，圈足。胎壁厚重，釉面青亮，足底露胎稍嫌粗糙。碗内口沿以青花绘锦地纹一周，碗心青花双圈内绘一折枝瑞果纹；外口沿处饰弦纹两圈，腹壁绘六组团瑞果纹，有石榴、寿桃、枇杷、柿子、葡萄、西瓜等，瑞果纹之间以两两相对的T形云纹相隔；近底处绘变形莲瓣纹，下绘卷草纹一周；碗底以青花双圈书"万福攸同"四字两行楷书款。

　　"万福攸同"取材于《诗经·小雅·蓼萧》，意思是万般福禄会属于快乐的君子，是明嘉靖时期盛行的一种民窑吉语款。嘉靖朝因"官搭民烧"的制度，使得一些民窑瓷器的质量能达到官窑水平。此碗青花发色浓艳，灰蓝色调；纹饰排列对称，填色细致讲究，色彩很少溢出轮廓线外，画风自然，是民窑瓷器中难见的上乘之作。

59

青花三阳开泰纹盘

年　代：明嘉靖

尺　寸：口径34.9厘米

产　地：江西景德镇

收藏地：英国维多利亚和阿尔伯特博物馆（Victoria and Albert Museum）

入藏号：C.102-1928

撇口，浅腹，圈足。外壁光素无纹，底以青花书"大明嘉靖年制"六字两行双圈楷书款。盘内壁围绘七组麒麟纹，麒麟抬头侧望，跃足扬尾，雄奔于祥云之间。盘中青花双圈内绘三阳开泰纹，古松虬曲，梅花怒放，山石奇峻，竹枝挺拔；树荫间三羊正悠闲憩息，一侧首提步似在聆听，一漫步回望如在探寻，一四足并立像在凝思；三羊形态稚拙可爱，长角弯卷，短尾下垂，奇蹄细长。青花呈黑蓝色，色泽深沉灰暗，纹饰填色不甚细致，色彩有溢出轮廓线外现象。

三阳开泰图在明代御瓷之中使用仅见于嘉靖一朝，"羊"与"阳"同音，此纹饰既表示大地回春、万象更新，也寓意兴旺发达，诸事顺遂。

61

青花团龙凤纹葫芦瓶

年　　代：明嘉靖
尺　　寸：高47.3厘米，腹径26.7厘米
产　　地：江西景德镇
收 藏 地：美国费城艺术博物馆（Philadelphia Museum of Art）

入藏号：1882-727

　　直口，溜肩，束腰，双鼓腹，上小下大，圈足。器型端正，釉色莹润。通体以青花为饰，颈部和腰部均绘缠枝莲纹，肩部饰三组团形凤鸟纹，凤仪翩翩，云鹤翔鸣，以莲托八宝纹为隔；腹部饰四组团龙纹，五爪伸张，鬃发上扬，莲托八宝围饰其边。近足处饰浪花纹，下绘卷草纹，足内青花书"大明嘉靖年制"六字两行楷书款。青花发色浓翠，艳丽而浓烈，是嘉靖之精品。

　　葫芦瓶因名与"福禄"谐音，且器型像"吉"字，故又名"大吉瓶"，寓意大吉大利。因嘉靖一朝皇上好黄老之道，遂成为这一时期的经典之器。

大明嘉靖年製

63

青花缠枝莲托寿字纹大罐

年　代：明嘉靖

尺　寸：高48.3厘米，腹径43.8厘米

产　地：江西景德镇

收藏地：美国费城艺术博物馆（Philadelphia Museum of Art）

入藏号：1944-20-83a, b

唇口，短颈，丰肩至底部渐敛，平底，底以青花书"大明嘉靖年制"六字两行双圈楷书款，字体工整秀气。器身满绘青花缠枝莲纹，每一朵莲花上托一双圈篆书"寿"字纹，近足处饰一周如意云头纹，寓意百年延寿，如意福康。釉面肥润，胎体厚重，青花色泽浅淡雅致，纹饰勾勒精细。

嘉靖朝的明世宗崇道之举以及笃信程度，在中国历史皇帝中鲜见，官窑瓷器纹饰必然会体现出皇帝的意志与审美，这就使得整个时代的造器，均具有了鲜明的道教特色。此罐就是其中的代表器物之一。

年　代：明嘉靖

尺　寸：长24厘米，宽24厘米

产　地：江西景德镇

收藏地：英国大英博物馆（British Museum）

入藏号：1983,0726.1

青花圣旨牌

圣旨牌呈正方形，以青花为饰，共分为两部分，上半部分以青花书"皇帝诏：朕嗣缵丕基，抚御方夏，粤二十九禩于兹矣。夙夜忧勤，惟敬天保民是务。顾四海之广，亿兆之众，岂皆人君所可亲理。惟尔藩臬诸司及府州县官，实与朕分理民务者。果皆能服勤效职，使民安田里而无愁叹之声否耶？抑亦有瘝官废事黩货峻刑以厉吾民者乎？兹当天下官员来朝，已命所司考察，黜其不职者。尔等既在留存，各还旧任，尚其体朕至意，恪共乃职，勤于抚字，俾民受实惠，庶于代工理物之责斯无忝矣。其或贪虐病民，食禄怠事，宪典俱在，奚可逭焉。尔等其钦承之哉。故谕。嘉靖二十九年二月初三日。皇帝之宝"等206个字纪年款，下半部分则以青花绘宣旨图案：祥云缭绕中，众宫阙隐现其中，皇上接见大臣议事的"奉天门"殿名格外醒目，一文官神情恭敬地手持笏板走过玉阶之桥，似要向众人宣布圣旨，又仿佛刚刚领旨而出。谦卑的臣子、弯腰的苍松、高耸的瑞兽、冷峻的宫殿、浓雾似的云带，无一不在暗示着天子的威严和至高无上的存在。

青花行书诗文碗

年　　代：明隆庆

尺　　寸：高6厘米，口径11.9厘米

产　　地：江西省景德镇

收藏地：美国大都会艺术博物馆（Metropolitan Museum of Art）

入藏号：2010.59

  侈口，深腹，圈足。釉面白中泛青，光亮肥润。用诗文装饰瓷器为明隆庆朝首创，此碗外腹以青花书宋代诗人谢枋得的《蚕妇吟》诗句："子规啼彻四更时，起视蚕稠怕叶稀。不信楼头杨柳月，玉人歌舞未曾归。"字体以双线勾勒，再往里涂色，有溢出轮廓的现象。口沿内饰花卉纹一周，碗中心绘教子图，构图虽然简单，但母亲的殷切与孩童的懊悔却也生动有趣；碗底以青花书"大明隆庆年制"六字两行楷书款，笔画细长，不甚工整。

  隆庆朝仅存在6年，其间社会动荡，生产低落，瓷器因规模缩小传世数量并不多，这一时期青花以回青料为主，发色浓艳，纯正稳定，此碗的诗句与中心的图案均反映了人们对于幸福生活和社会稳定的向往，应是民窑器中的精品。

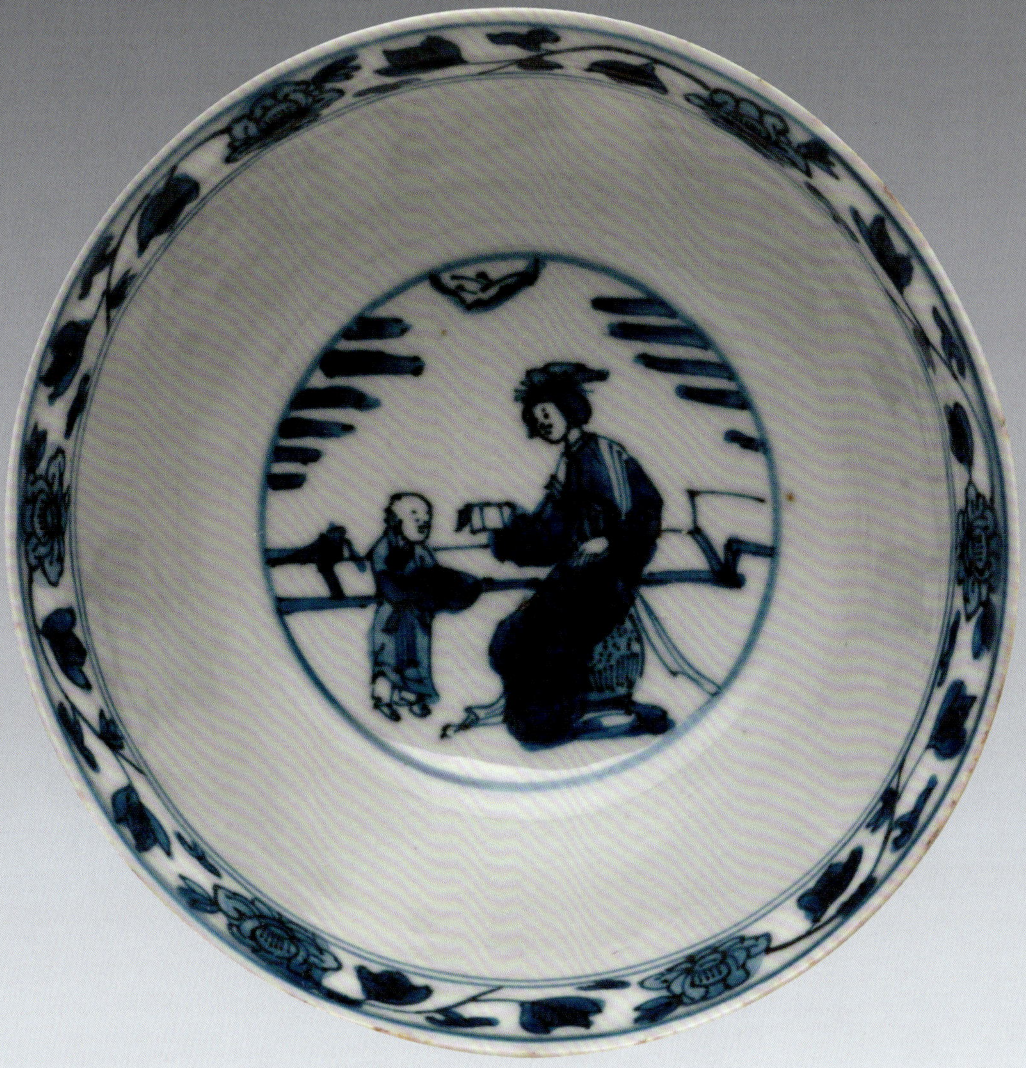

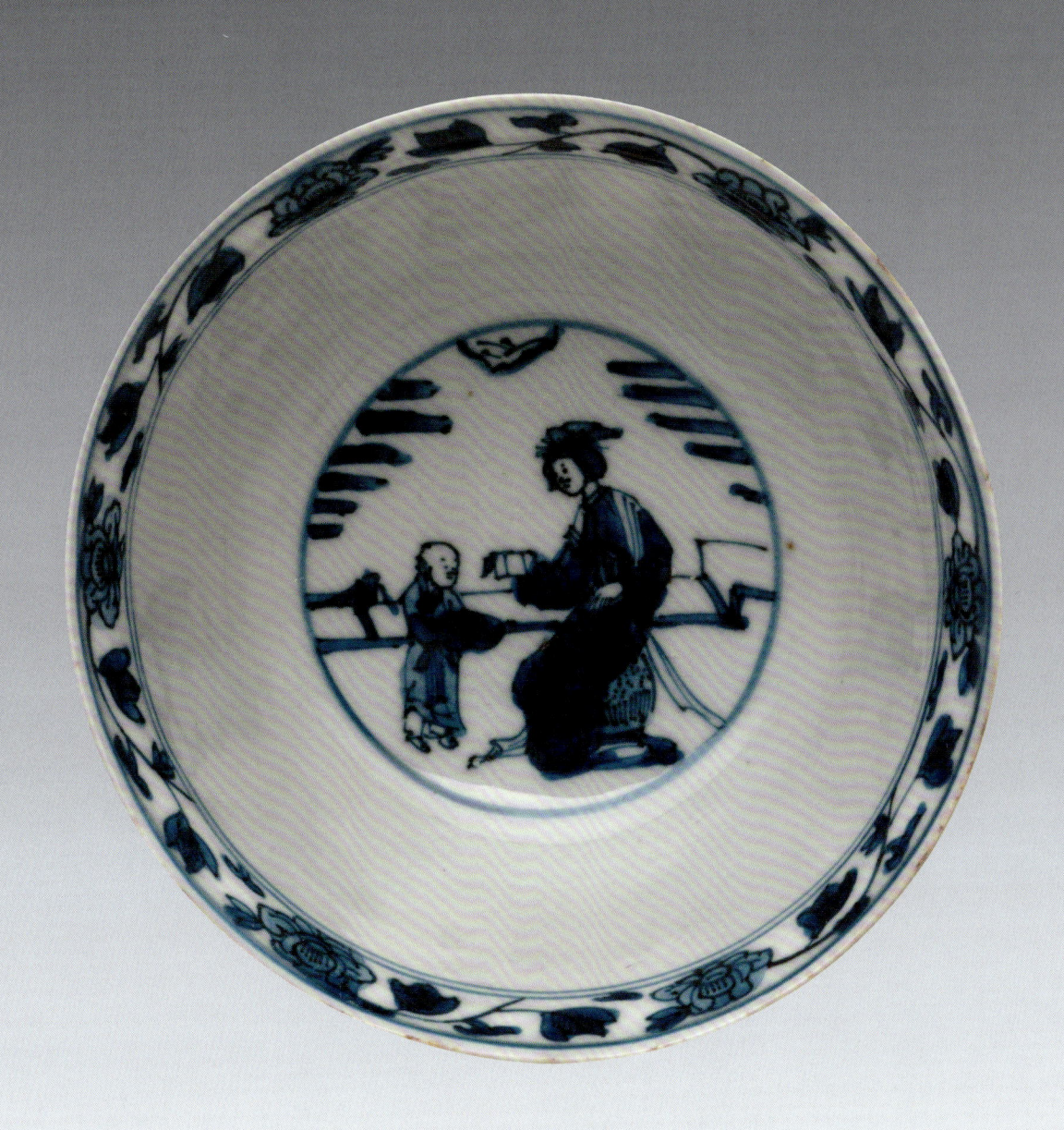

青花折枝花卉云鹤纹攒盘

年　　代：明隆庆
尺　　寸：大小不一
产　　地：江西景德镇
收藏地：英国大维德基金会（Percival David Foundation of Chinese Art）
入藏号：PDF, C.612

　　攒盘始于明万历晚期，是由多个盛装物品的盘子组合而成，中心一般为一圆盘，两层或三层，组合的盘子形状有四方、六方、八方，或各种花形之状。本攒盘整器为圆形。第一层为主盘圆形，第二三层为副盘四方梯形。器壁浅坦，口沿外侈，盘面平整。整器一共19件，习惯上称之为"十九子"。主盘纹饰穿花龙捧寿纹，第二层6个副盘内饰绶带纹，第三层12个副盘内饰形态各异的云鹤纹，形制规整，釉面青润，青花发色浓重。盘底施釉，均以青花书"大明隆庆年制"六字两行楷书款，字体多密集靠拢，略显草率。

　　隆庆一朝瓷器以小件常见，如此形制巨大的攒盘，实属少见。

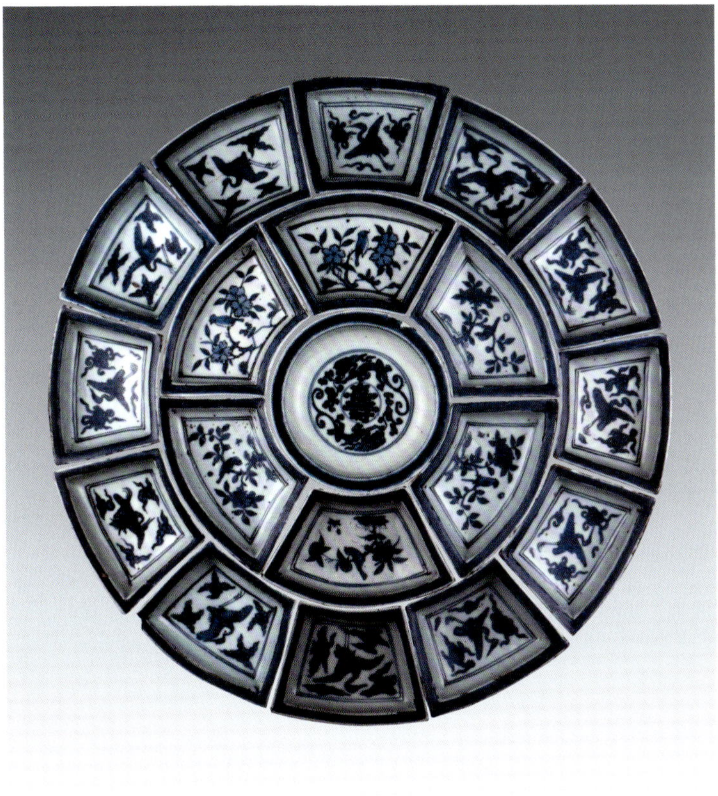

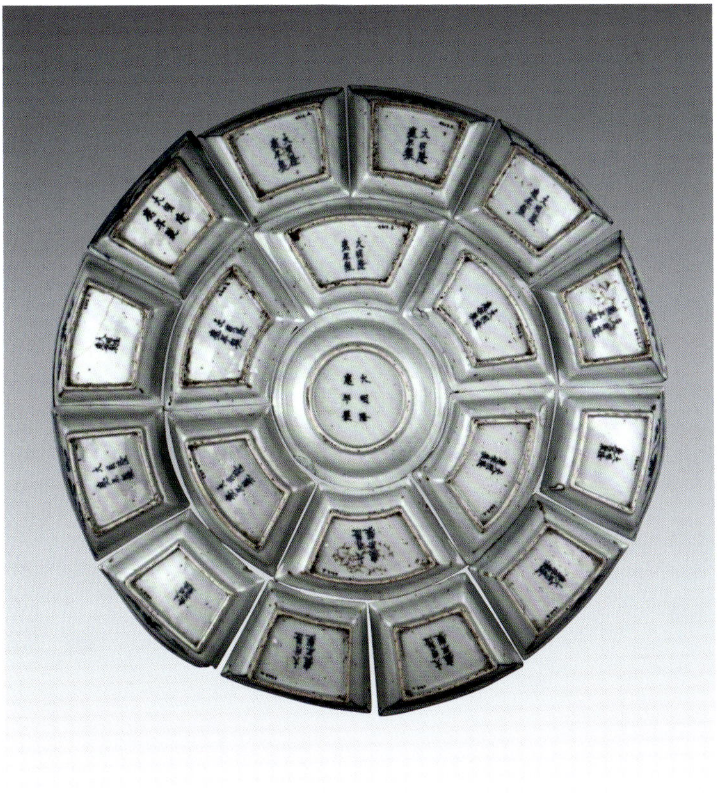

青花折枝花卉龙纹盒

年　代：明隆庆
尺　寸：高7.7厘米，口径12.4厘米
产　地：江西景德镇
收藏地：英国大维德基金会（Percival David Foundation of Chinese Art）

入藏号：PDF, A.656

　　扁圆七棱形，子母口，盖平顶微隆，圈足。盖面绘青花龙凤穿枝花纹，龙为正面立龙，两目圆睁，五爪怒张，凤纹娇小，陪衬在下。盖、盒外壁均绘折枝瑞果纹，口沿处则绘卷草纹，纹饰之间以青花双弦纹相间。盒底青花书"大明隆庆年造"六字两行双圈楷书款。

　　明隆朝瓷器相对来说虽少，但造型多样，富于变化，其中仅盒的造型就有四方、长方、八方及银锭式、盘肠式、瓜棱式等，新颖奇特，且制作精细，独具风格。此盒釉汁肥润，发色艳丽，器型小巧，为官窑瓷盒的代表作。

71

青花翼龙纹高足杯

年　代：明万历

尺　寸：高6.8厘米，口径7厘米

产　地：江西景德镇

收藏地：英国维多利亚和阿尔伯特博物馆（Victoria and Albert Museum）

入藏号：1944-38-5

　　侈口，深弧壁，高圈足，圈足外撇。通体施白釉，杯内光素无纹。外腹以青花绘海水翼龙纹，浪花及翼龙的形象巧妙地通过留白的技法表现出来。足部饰海水江崖纹。底部以青花书伪托"宣德年制"四字两行楷书款。青花发色淡雅，微闪灰，纹饰颇具写意意味。

　　万历朝仿宣德年款的器件较多，一般皆为楷书款，但均缺乏宣德本款刚劲浑厚的神韵，字体架构随意性大，比较好识别。

73

大明萬曆年製

青花四爱图碗

年　代：明万历

尺　寸：高5.7厘米，口径12.5厘米

产　地：江西景德镇

收藏地：英国维多利亚和阿尔伯特博物馆（Victoria and Albert Museum）

入藏号：1944-38-16

侈口外撇、深弧壁、圈足。通体施白釉，内口沿饰青花双弦纹，中心青花双圈内绘一在树荫下临江席地而坐的人物，苍劲的古松和其膝上摊开的书页暗示了其高士身份；碗外腹以青花绘两组人物，每组两个主题，分明是陶渊明爱菊、孟浩然爱梅、周敦颐爱莲、俞伯牙爱琴。布局疏而有致，场景高雅静谧，人物描绘古拙且得奇趣，为典型明晚期高士图。碗底以青花书"大明万历年制"六字两行双圈楷书款。

高士图常以历史传说故事为题材，描绘上通过对特定氛围的渲染生动地表现出人物的神态、幽深的自然环境，显示出空寂宁静，衬托出人物闲淡的内心世界和孤傲的性格。此碗釉面细腻白润，胎体致密，青花呈色青翠幽蓝，多有晕散，色调沉静，是明万历朝不可多得的官窑佳作。

青花留白花果纹盘

年　代：明万历

尺　寸：口径31.8厘米

产　地：江西景德镇

收藏地：美国大都会艺术博物馆（Metropolitan Museum of Art）

入藏号：20.41.12

　　敞口，浅弧壁，圈足。盘心以青花地留白线描工艺绘四组折枝牡丹纹，枝壮叶细，花瓣饱满，姿态各异；内壁绘两组柿子、桃子、石榴、枇杷纹等瑞果纹；外壁满绘缠枝牡丹纹，底以青花书"大明万历年制"六字两行双圈楷书款。

　　"青花留白"是指用釉下青花表现蓝地白花纹饰或图案的一种方法，因其工艺繁杂，消耗青料量大，在纹饰填绘上又颇费工时，因此这品种的青花器产量较少，能完整传世的就显得尤为珍贵。

青花克拉克瓷大盘

年　代：明万历

尺　寸：高6厘米，口径39.4厘米

产　地：福建漳州

收藏地：英国维多利亚和阿尔伯特博物馆（Victoria and Albert Museum）

入藏号：1936-18-3

　　宽边，折沿，浅弧腹，圈足。盘子内壁通过锦地开光手法，分段装饰出具有特色风格的纹饰。盘的正中心饰博古纹，小几上摆放的花篮内有菊花、向日葵、芭蕉叶、书画轴等，寓意高洁清雅，吉祥富瑞。盘腹及折沿处以硕大的莲瓣纹开光，内绘四组花形饱满怒放的菊花和桃子，暗寓长寿。八组大莲瓣之间则用饰有璎珞纹的小开光来相接。整个纹饰浑然一体，视觉冲击力非常震撼。盘外壁光素，只以青花画了四组星形和圆心带点的符号，这种装饰在从中国销往国外的克拉克瓷盘底部并不少见，成为一种程序化的标准点缀。

　　克拉克瓷因葡萄牙同名商船而名，17世纪初的欧洲人并不知道这些瓷器的产地，后在中日两国学者的共同努力下，最终认定克拉克瓷的源头大多数是福建漳州窑。为当年葡萄牙和荷兰东印度公司商人在中国定制的大批量的外销瓷。此盘形制规整，釉面平洁，白釉光亮，青花发色艳丽，纹饰勾画精细，是万历年间外销瓷中的精品。

青花梵文莲瓣盘

年　代：明万历

尺　寸：高6厘米，口径39.4厘米

产　地：江西景德镇

收藏地：美国大都会艺术博物馆（Metropolitan Museum of Art）

入藏号：1992.332.2

　　自永乐朝开始大量装饰着藏传佛教色彩的器皿进入宫廷，而后一直没断过，此莲花形盘即为其中之一。此盘敞口，浅弧腹，圈足，整体呈双层莲花形，设计精巧，精致可爱。盘口沿内双层莲瓣纹内均饰垂云纹，中心环饰两圈如意云纹，间以弦纹相隔，正中书写一梵文。外口沿上层莲瓣内绘八组折枝瑞果纹和梵文，下层莲瓣只在尖部画出叶脉，留白根部，显出莲瓣绽放之态。底部以青花书"大明万历年制"六字两行双圈楷书款。盘底及口沿处有裂痕，露胎。

　　此形制盘当为佛前供器，釉面莹亮如玉，釉汁肥厚，青花发色明艳，是万历朝宫廷崇信佛教的一例佳作。

79

80

青花云凤纹梅瓶

年　代：明万历
尺　寸：高6厘米，腹径39.4厘米
产　地：江西景德镇
收藏地：美国大都会艺术博物馆（Metropolitan Museum of Art）

入藏号：1979.109

唇口外侈，短颈，丰肩下敛，收腹，圈足。自肩以下以青花为饰，肩部及近足处分别绘变形莲瓣纹和如意云头纹，腹部绘主题纹饰云凤纹，一对上下呼应的五尾凤鸟展翅翱翔在云间。锦鸡头、鸳鸯身、鹏翅、鹤腿、鹦鹉嘴、孔雀尾，人们相信集一切美好形象于一身的凤是能带来和平、幸福的瑞鸟，因此常用它来寓意夫妻美好。围绕凤鸟的层层云纹中，壬字形、T字形、如意形、蝌蚪形云纹交错出现，其中以壬字形云纹为主，纹饰线条流畅，勾勒细腻，瓶口处以青花书"大明万历年制"六字一行楷书款。

此梅瓶釉面白净，但胎土淘洗不精细，胎质比较粗松，有修胎痕；青花呈现浓艳，蓝中闪灰，有晕散。瓶身有裂痕。

青花朵花纹杯（五件）

年　代：明天启

尺　寸：高5厘米，口径6.8厘米

产　地：江西景德镇

收藏地：英国大维德基金会（Percival David Foundation of Chinese Art）

入藏号：PDF.687

　　此套杯圆口筒腹，深腹微弧，矮圈足露细白胎，足底均以青花书"天启年制"四字两行双框楷书款。器身纹饰简洁，口沿处和杯腹下部以青花饰弦纹一周，腹中饰四个朵花纹，花瓣层次清晰，技法是典型的天启"双勾混水"，线条流畅，简笔写意。

　　釉面白中带青，釉面有粗糙现象，青花色泽泛浅灰，浓淡不一。

83

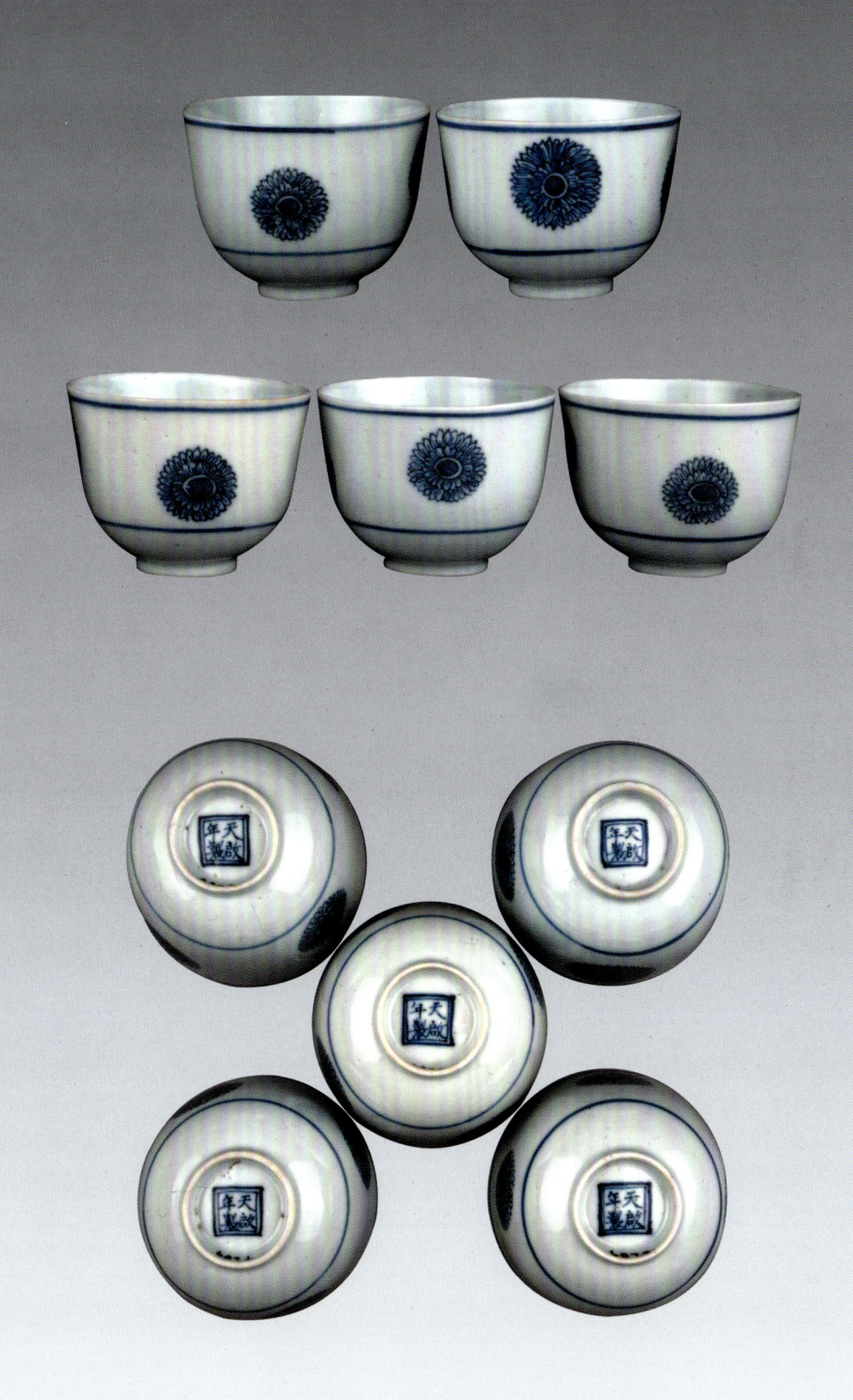

青花狮子滚绣球纹碗

年　代：明天启
尺　寸：高8厘米，口径14.4厘米
产　地：江西景德镇
收藏地：英国大维德基金会（Percival David Foundation of Chinese Art）
入藏号：PDF.678

  侈口外撇，深弧腹，圈足。碗内光素无纹，外腹以青花绘两组狮子滚绣球主题纹饰，狮子面目不很清晰，同心圆状的束发后披散飘扬，长尾如扇，毛发皆扬。狮子是瑞兽之一，其开拓进取的阳刚之气，符合人们追求权力与富贵的心愿，狮子滚绣球，也同时传递出喜庆之意。青花色调浓重，碗底以青花书"天禄佳器"四字两行吉语款，字体细长。

  天启朝的民窑器多胎体厚重，釉面青白，因万历之后麻仓土的枯竭，不得不用新的瓷土原料，导致瓷器普遍出现暴釉、粘沙的现象。但瑕不掩瑜，此碗从整体上看仍不失为一件民窑传世精品。

青花天启六年买地券盘

年　代：明天启

尺　寸：口径24.3厘米

产　地：江西景德镇

收藏地：英国大英博物馆（British Museum）

入藏号：1994,1212.1

买地券是中国东汉中后期出现的一种随葬性明器，放在墓内意在保证死者对墓地的所有权，使其不受鬼魂侵扰。一般来说，内容会包括以下内容：亡者籍贯和离世时间；决定安葬之地及所花费数目；权属声明；契约形成过程；违反契约后的惩罚等。明清时多有简化。

此买地券是用青花书写在瓷盘上，盘口沿饰吉祥花卉纹，内自左往右书"安义县霞桥张氏分居卜邻乡野猪坑。祖讳高傅，姐适石下刘曰敏，傅幼随姐，后徙居新建县伍谏乡三十八都赤海塘下垄。惟伯遇，号云庵，建创业。生于嘉靖癸丑年八月二十三日戌时，殁于天启癸亥年九月十五日子时。先年择买省城德胜门方仕远仙花岭下荷包山一只及来龙山。彼选万历戊午年癸亥月甲子日乙丑时，迁乾选向，与母陈氏合造生基。至天启六年丙寅岁九月十五日午时迎父安厝。内里内碑。孝男刘光启、孝媳李氏、孝孙崇仁、孝孙媳鲁江曹氏、孝女适清淇熊孟泰、次孙女在室待字。大明天启六年九月，光启立。"等208个字。

86

青花加官晋爵图莲子罐

年　代：明天启

尺　寸：通高23厘米，腹径21.6厘米

产　地：江西景德镇

收藏地：英国大英博物馆（British Museum）

入藏号：Franks.1473

　　短直口，圆鼓腹，圈足，带配盖，形如莲子，俗称"莲子罐"。口沿处绘疏朗的蕉叶纹一周，以短竖线相隔；腹部以青花绘指日高升图：远山险峭，近松挺秀，芭蕉树下，绿草丛中，排场盛大的天官直指太阳，随从捧上鹿和官帽衣饰，意寓在很短的时间内就能升官加禄。盖面则以青花绘加官晋爵图：庭院之内，一家奴给正要上朝的老爷呈上了两只爵杯，意寓不言自喻。

　　整器形制规整，胎体较厚，釉面洁白有修刀痕迹。纹饰布局舒密有致，青花呈色蓝中闪灰，浓艳深沉，为天启时期青花瓷的典型器。

青花岁寒三友纹压手杯

年　　代：明崇祯

尺　　寸：高3.8厘米，口径7.2厘米

产　　地：江西景德镇

收 藏 地：英国大维德基金会（Percival David Foundation of Chinese Art）

入 藏 号：PDF, A.690

侈口外撇，腹壁近于竖直，自下腹壁处内收，圈足。因其握于手中时，微微外撇的口沿正好压合于手缘，故称之为"压手杯"。杯身以松、竹、梅岁寒三友图为饰，近足处绘简化的莲瓣纹，底部青花书"大明崇祯年制"六字两行楷书款。釉面乳白闪青，青花发色深蓝偏黑，纹饰以单纯平涂为主，画意豪放，时代特征明显。

89

青花洗象纹笔筒

年　　代：明崇祯
尺　　寸：高16.5厘米，口径12.4厘米
产　　地：江西景德镇
收 藏 地：美国大都会艺术博物馆（Metropolitan Museum of Art）
入藏号：2008.80

　　直口，深壁，口底相若，呈筒状，是盛笔的文房用具之一。外口沿及足部饰弦纹两道，筒身以青花绘罕见的清洗大象图。全图被分为四部分：第一部分是三个人在努力清洗大象的场景，一人拭尾，一人擦身，还有一人高高赤脚站在象背上洗刷；第二部分是持锡杖的罗汉与同伴交谈场景，旁边站着两个高举旗幡的力士；第三部分是一人正在尽力从井中汲水的场景；第四部分是一人正在吃力地往洗象的地方运送刚从井里打上来的水。青草、蕉叶点缀其中，给整个图案增添了大自然的气息。人物皆头顶无发，但神态各异，衣纹线条简洁明快。

　　此笔筒器型圆润，釉面洁白，胎汁肥厚，纹饰写实有趣，青花发色淡雅青翠，是崇祯朝不可多得的珍品。

91

青花鸾凤和鸣纹筒瓶

年　代：明崇祯
尺　寸：高45.9厘米
产　地：江西景德镇
收藏地：英国大英博物馆（British Museum）
入藏号：Franks.1673

　　侈口外撇，短直颈，深直筒腹，圈足，俗称"筒子瓶"。瓶颈以青花饰大小不一的蕉叶纹，颈以下绘青花鸾凤和鸣图，高高的山石之上百鸟之王凤鸟静静伫立，目视前方，姿态高贵而优雅；竹林之空，雄性长生鸟鸾鸟迎风回首长鸣。纹饰勾勒精细，笔法流畅，构图大方，注重神韵。

　　釉面白中泛青，青花呈色稳定，浓淡有分，为崇祯时期官窑中为数不多的精品。

93

黄地青花折枝瑞果纹大盘

年　代：明宣德
尺　寸：高5.5厘米，口径29.5厘米
产　地：江西景德镇
收藏地：英国大维德基金会（Percival David Foundation of Chinese Art）
入藏号：PDF, A.755

敞口，浅弧壁，圈足，足底无釉。盘内外以明亮的黄釉为地，上以青花绘折枝瑞果纹。盘心青花双圈内绘折枝石榴纹，环壁绘桃子、樱桃、荔枝和柿子等瑞果纹；外壁青花饰四个折枝莲花纹，口沿下有青花"大明宣德年制"六字一行楷书款。纹饰以国产青料勾边，以进口苏麻离青料填色，发色深沉，富有层次感。

黄地青花是一种釉上釉下结合的彩瓷，其制作工艺是先高温烧成青花瓷，再于白地之处填黄彩低温烘烤而成。此品种创烧于明宣德时期，以弘治一朝为鼎盛期。

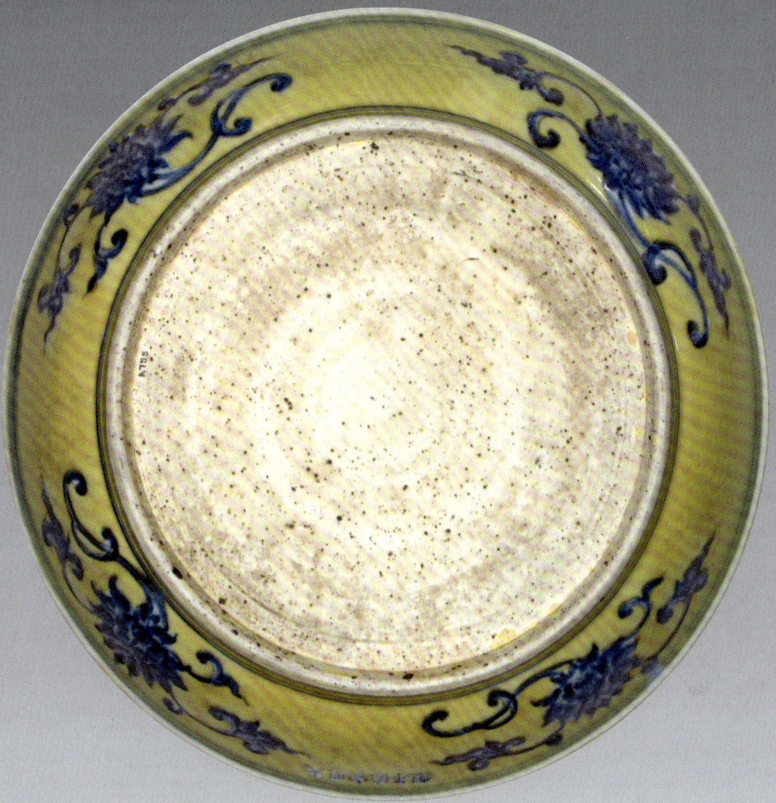

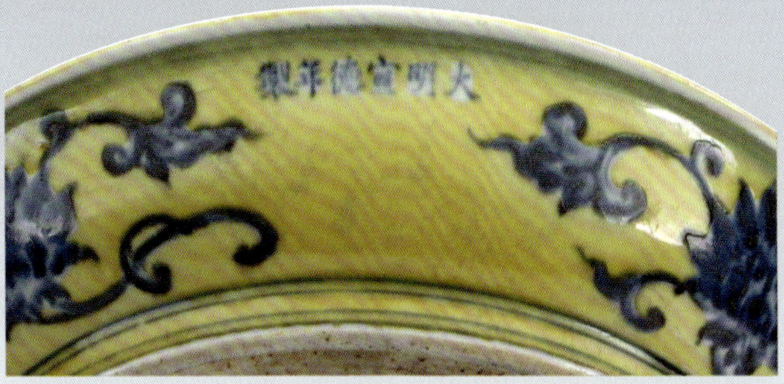
大明宣德年製

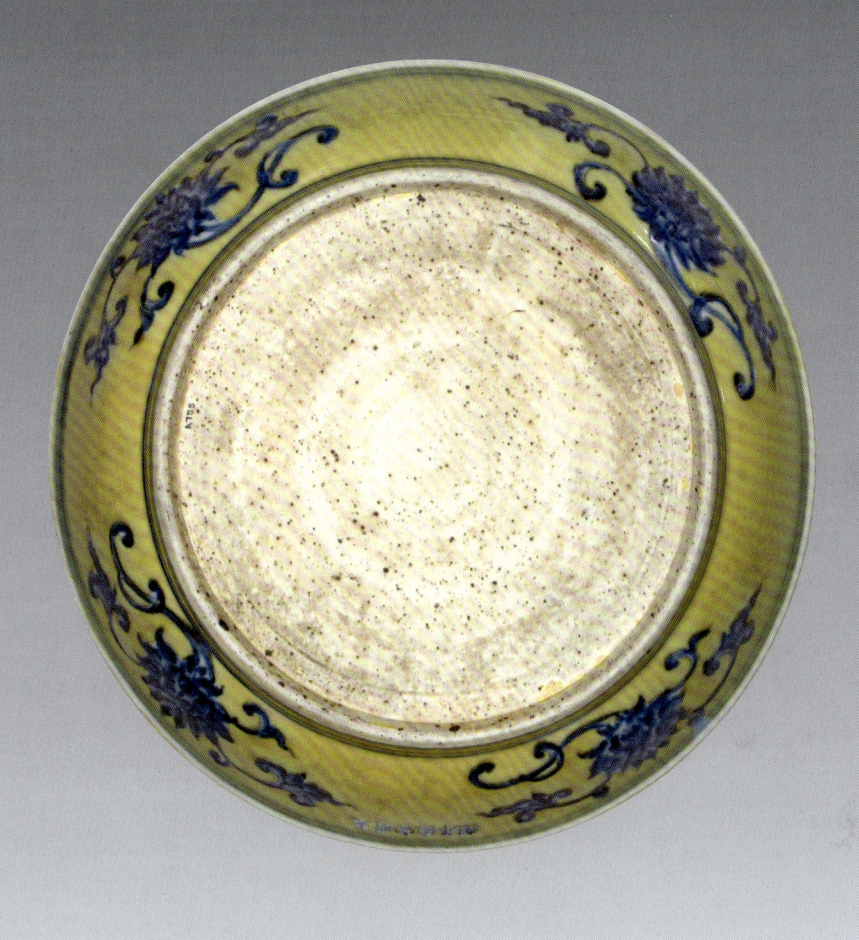

黄地青花折枝栀子花纹大盘

年　代：明成化

尺　寸：高5厘米，口径25.7厘米

产　地：江西景德镇

收藏地：英国大英博物馆（British Museum）

入藏号：1945, 1016.2

　　撇口，浅弧壁，圈足，足底无釉露胎。盘底中心有7个细小孔，表明它曾经被印度或中东的人收藏过，因为"7"在这些地区是一个神圣和幸运的数字。盘内外壁以黄釉为地，盘中心青花双圈内绘折枝栀子花卉纹，四周饰石榴、柿子、葡萄、莲蓬，外壁饰青花缠枝山茶花卉纹。黄釉沉静，青花淡雅，画风细腻。

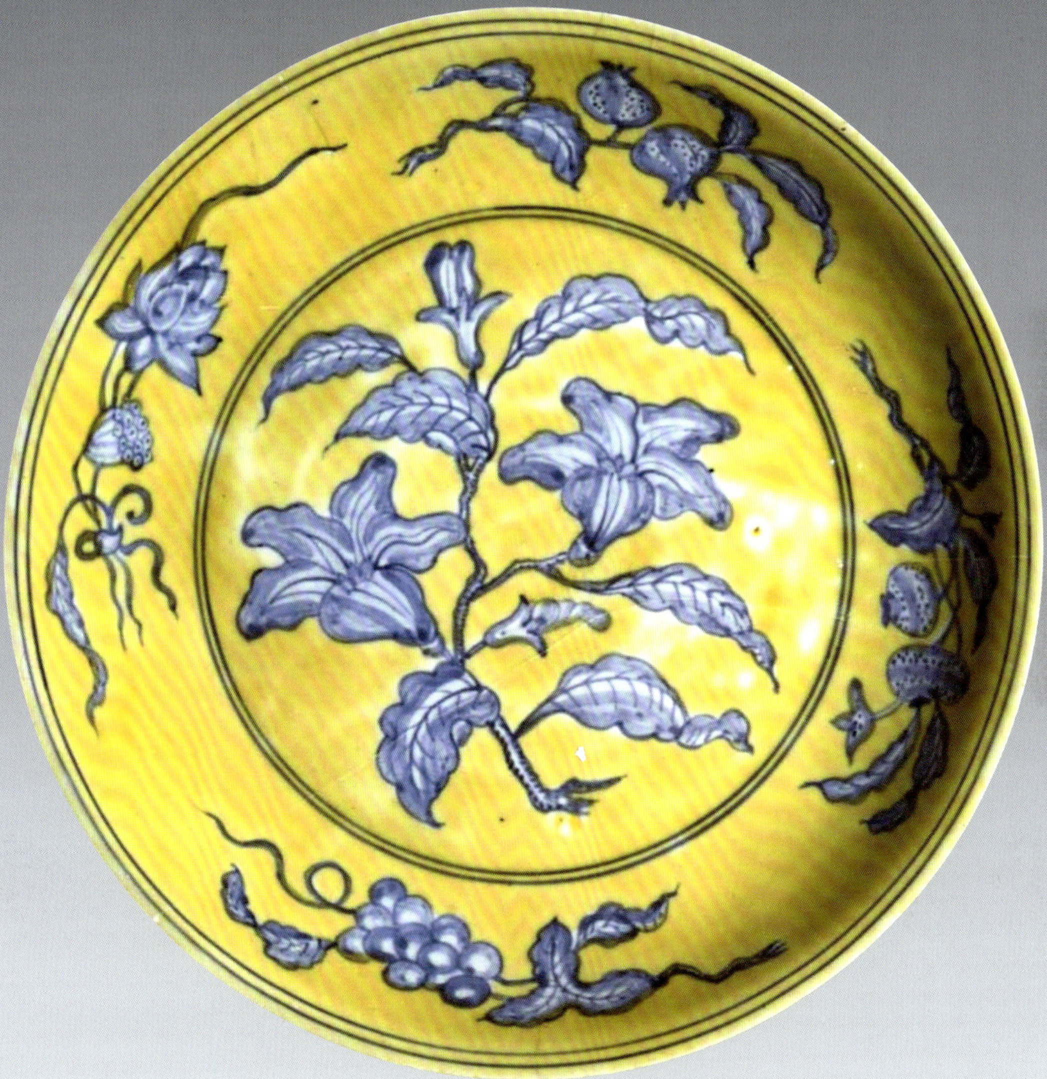

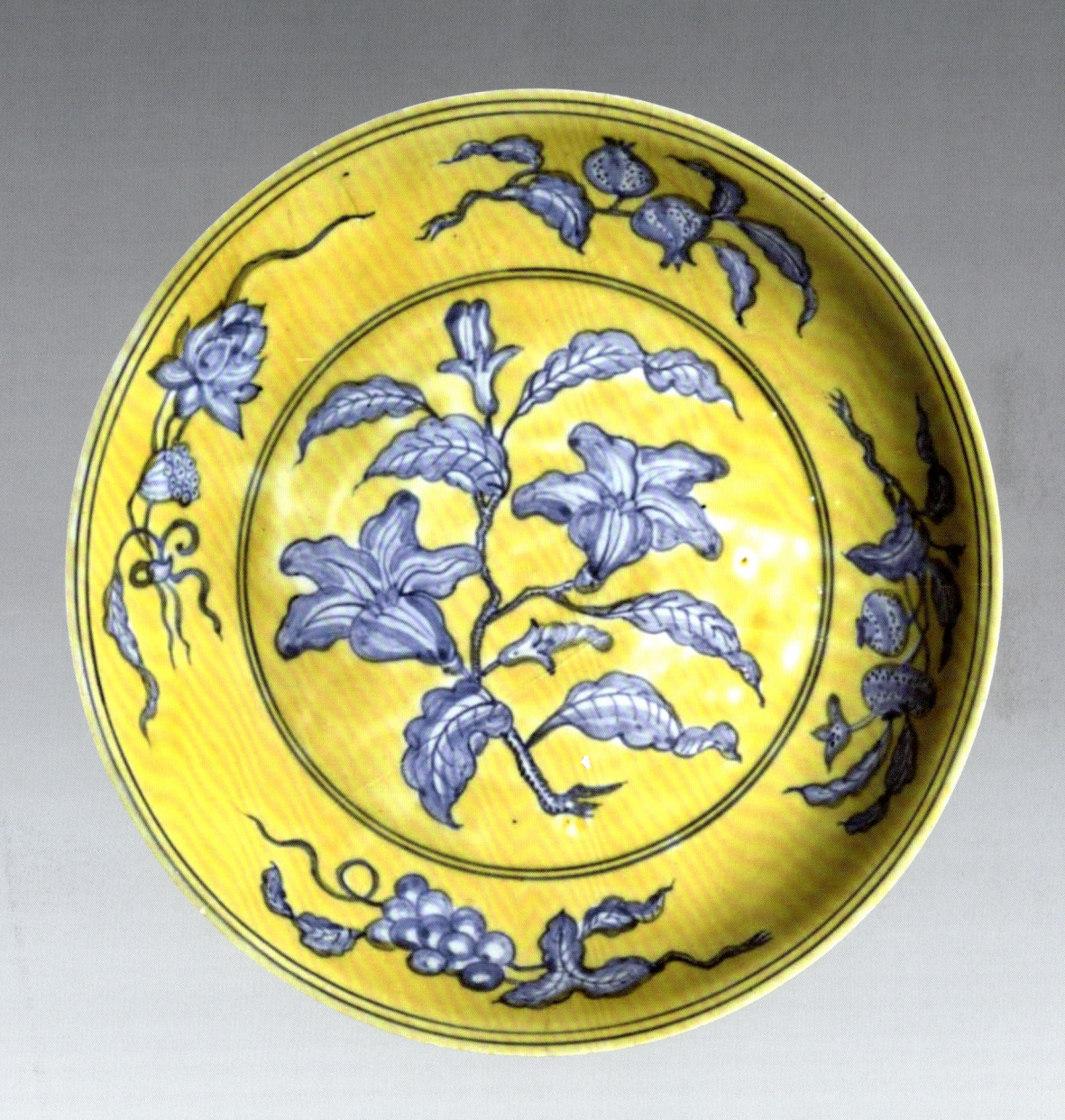

黄地青花折枝栀子花纹大盘

年　代：明弘治
尺　寸：高4.7厘米，口径26.4厘米
产　地：江西景德镇
收藏地：英国大维德基金会（Percival David Foundation of Chinese Art）
入藏号：PDF, A.773

　　撇口，浅弧壁，圈足，足底细白釉，上以青花书"大明弘治年制"六字两行双圈楷书款。盘内外以黄釉为地，青花装饰。盘中心青花双圈内装饰折枝栀子花卉纹，四周饰石榴、柿子、葡萄、莲蓬，寓意"福寿吉祥"，外壁饰青花缠枝栀子花卉纹。黄釉柔和，青花浓艳，画工规矩。

　　弘治时期黄釉最负盛名，釉色娇嫩、淡雅，为浓艳的青花纹饰增添了一份娇媚。

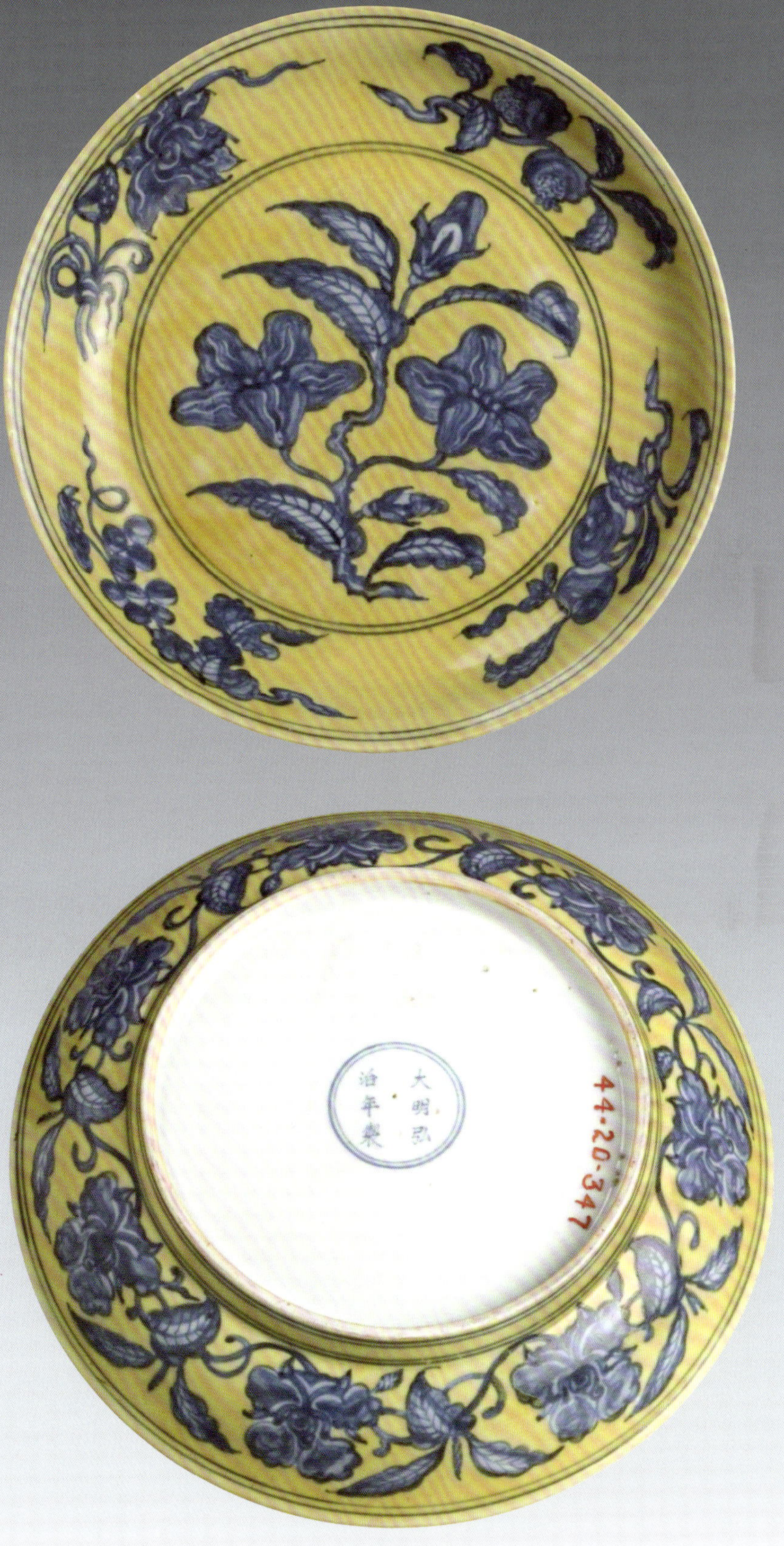
大明弘治年製
44·20·347

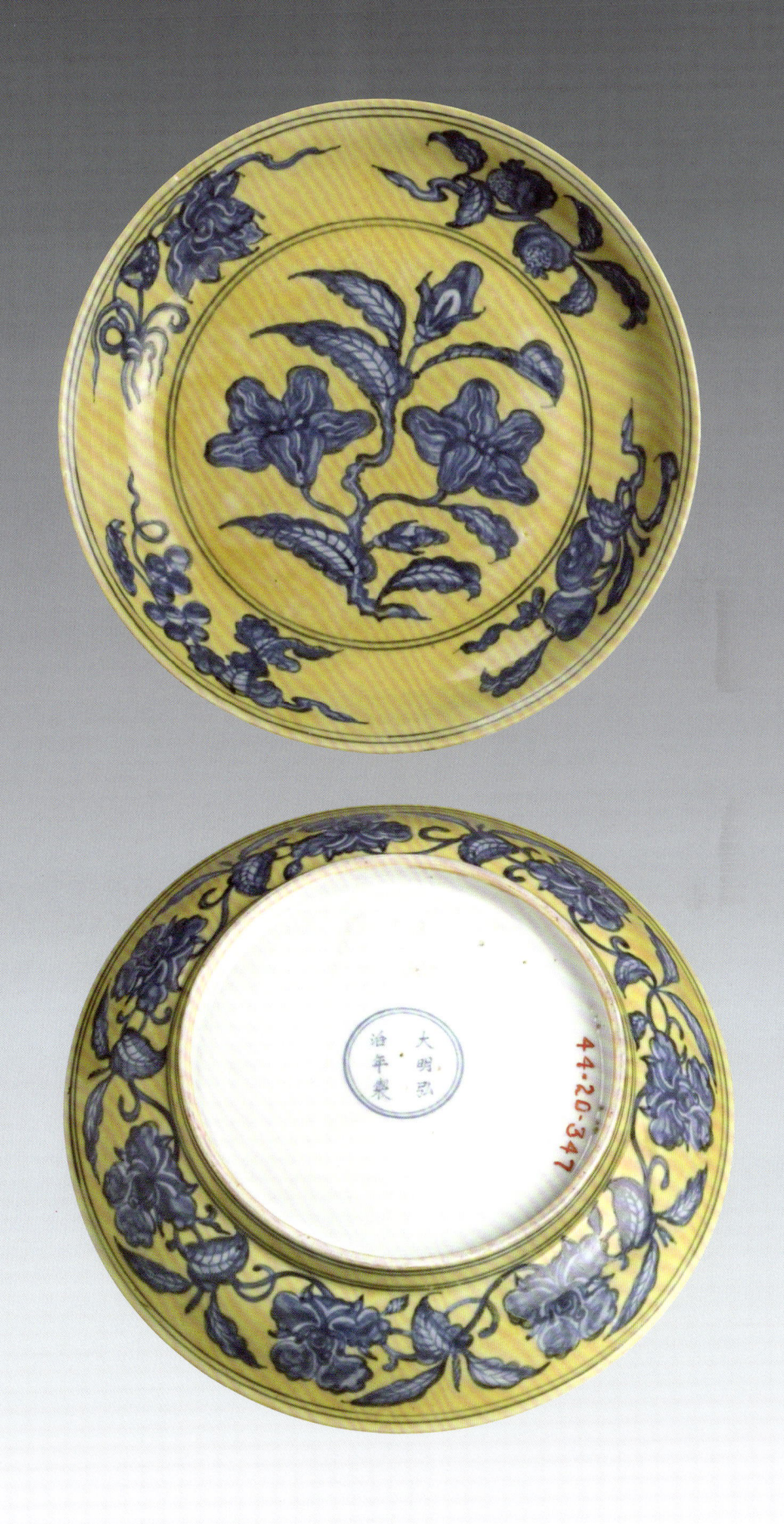

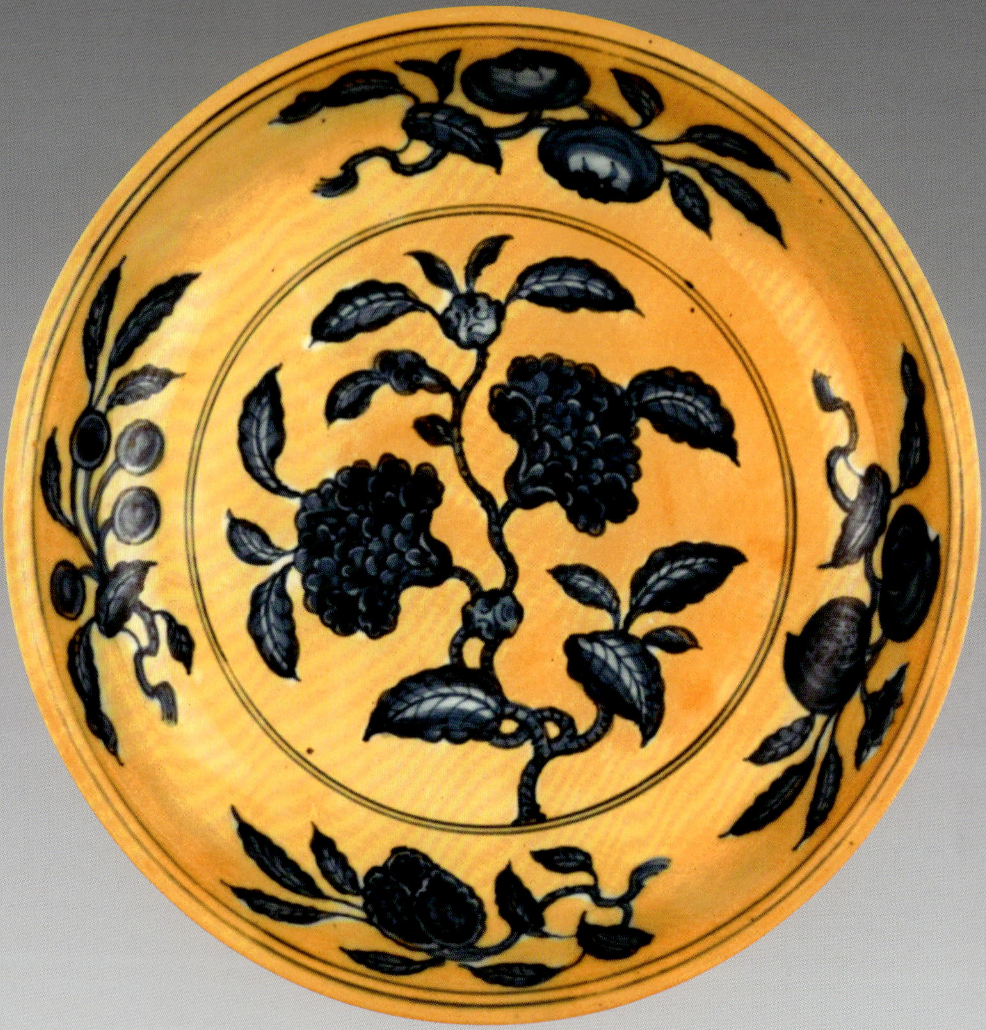

黄地青花折枝海棠纹大盘

年　代：明正德

尺　寸：高5.6厘米，口径29.7厘米

产　地：江西景德镇

收藏地：英国大维德基金会（Percival David Foundation of Chinese Art）

入藏号：PDF.779

　　撇口，浅弧壁，圈足。盘内外以黄釉为地，青花装饰。盘中心青花双圈内绘折枝海棠花纹，四周饰柿子、枇杷、石榴、荔枝，盘外壁绘四组朵莲纹。足底白釉，上以青花书"大明正德年制"六字两行双圈楷书款。此时黄釉失去了前朝的娇嫩之感，色泽偏深；青花发色浓郁，偏灰蓝，但绘工一如既往的细腻和规矩，体现了官窑器的典范水平。

黄地青花龙穿花纹大盘

年　代：明嘉靖
尺　寸：口径79.4厘米
产　地：江西景德镇
收藏地：英国大维德基金会（Percival David Foundation of Chinese Art）
入藏号：PDF.731

　　撇口，浅弧壁，圈足，足底无釉露胎。盘内外以黄釉为地，青花为饰。内壁绘四条穿花游龙，中心青花双圈内为一正面龙纹形象；外壁绘缠枝莲花纹，花叶细长而密集。黄釉色泽较深，浓淡不匀；青花发色深沉灰暗，有晕散现象。
　　此宫廷御用瓷盘形制远超过一般同类器。因形制过大，圈足广浅，不可避免有塌底现象，此盘就有断裂和修补的痕迹。

103

104

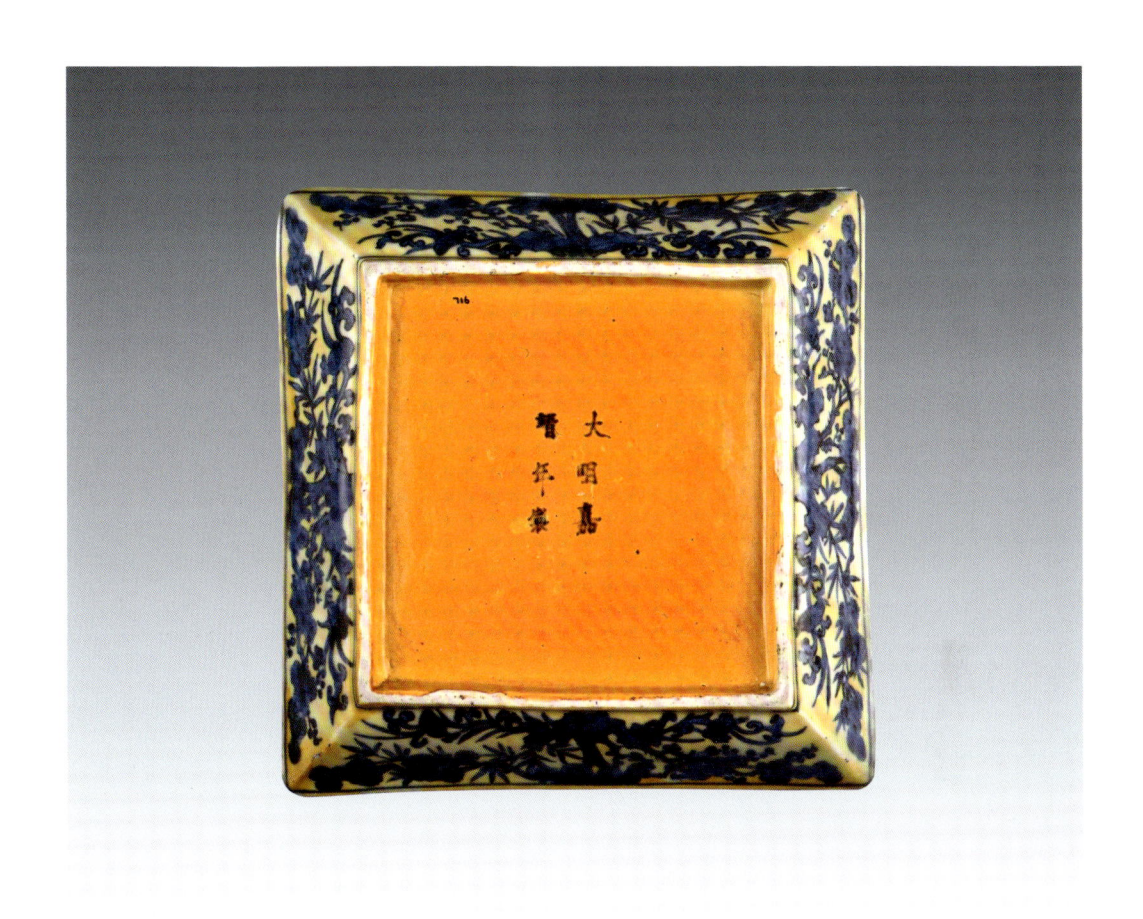

黄地青花松竹梅纹方盘

年　代：明嘉靖
尺　寸：高4.9厘米，宽22.9厘米
产　地：江西景德镇
收藏地：英国大维德基金会（Percival David Foundation of Chinese Art）
入藏号：PDF.716

敞口微侈，四方形，弧壁，圈足。足底黄釉，上以青花书"大明嘉靖年制"六字两行楷书款。方盘口沿釉薄见胎，内外以黄釉为地，青花为饰。盘内壁无纹饰，中心青花双圈内和外壁绘松、竹、梅岁寒三友及灵芝纹，纹饰粗放写意。釉面不平，黄釉深浅不一，青花呈色深沉黑蓝，有结晶现象。

红地青花缠枝牡丹纹出戟尊

年　代：明嘉靖
尺　寸：高30.5厘米
产　地：江西景德镇
收藏地：英国大维德基金会（Percival David Foundation of Chinese Art）

入藏号：PDF.744

　　喇叭形口，扁鼓形腹，圈足。仿古青铜器造型，腹、足处均对称贴塑两条形方棱，俗称"出戟"。通体以红釉为地，青花缠枝莲纹为饰。红釉色泽明亮均匀，青花呈色浓艳热烈、浓翠，蓝中泛紫，是嘉靖朝青花最上等的颜色。

　　此器形制和装饰独特稳重，传世罕见，当属国宝中的精品。

107

绿地青花缠枝莲纹盒

年　　代：明嘉靖
尺　　寸：腹径8.26厘米
产　　地：江西景德镇
收 藏 地：英国大英博物馆（British Museum）

入藏号：1937,0716.81

　　圆口，鼓腹，平底，有盖。此盒通体以绿釉为地，盖面上以青花绘缠枝莲纹，腹部如意云头纹下绘卷草纹。绿釉纯正干净，青花发色黑艳，釉面玉质感强，绘工精细，小巧可爱。

红地青花人物纹高足碗

年　代：明万历
尺　寸：高10.2厘米
产　地：江西景德镇
收藏地：英国维多利亚和阿尔伯特博物馆（Victoria and Albert Museum）
入藏号：C.57-1935

　　敞口外侈，斜深壁，高足，足柄内中空。碗内白釉，青花在口沿饰编织纹一周，外壁以红釉为地，腹以青花绘人物故事纹，高足处饰青花蕉叶纹和弦纹。釉面有缩釉现象，红釉艳丽，青花发色灰蓝，纹饰涂抹和勾勒细腻，人物面容点画不多，但神态生动，雅致有趣。

青花加彩

青花红彩云龙纹碗

年　代：明宣德

尺　寸：高7.5厘米，口径17.3厘米

产　地：江西景德镇

收藏地：英国大维德基金会（Percival David Foundation of Chinese Art）

入藏号：PDF, A.778

　　敞口外侈，深弧壁，下折，圈足。通体以白釉为地。碗内外口沿处青花饰弦纹两道；内中心青花书"大明宣德年制"六字两行双圈楷书款，笔画纤细，间距工整；外腹以红彩绘两条游龙纹，青花饰云纹；近底处为青花海水纹，上下以弦纹间隔。宣德时期的云龙纹中，龙身"左盘右蹙如惊电"，发曲而向上冲，五爪趾尖成三角形，略微内弯，锋利刚劲，如意形云纹丰满而飘逸，尾部比元代时要短。

　　此碗红彩温润，鲜艳，青花呈色纯正，在洁净的白釉映衬下，威猛的游龙似要踏浪破云而出，生动异常。

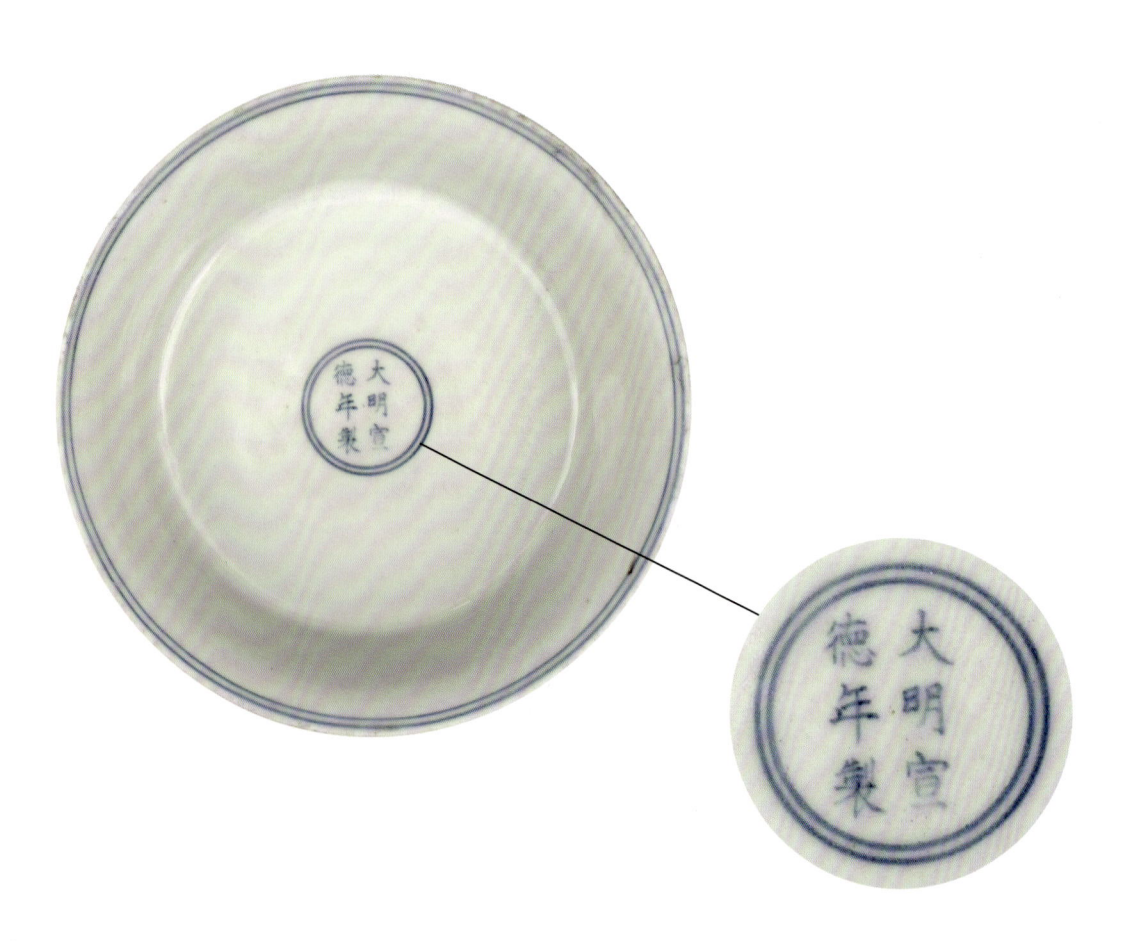

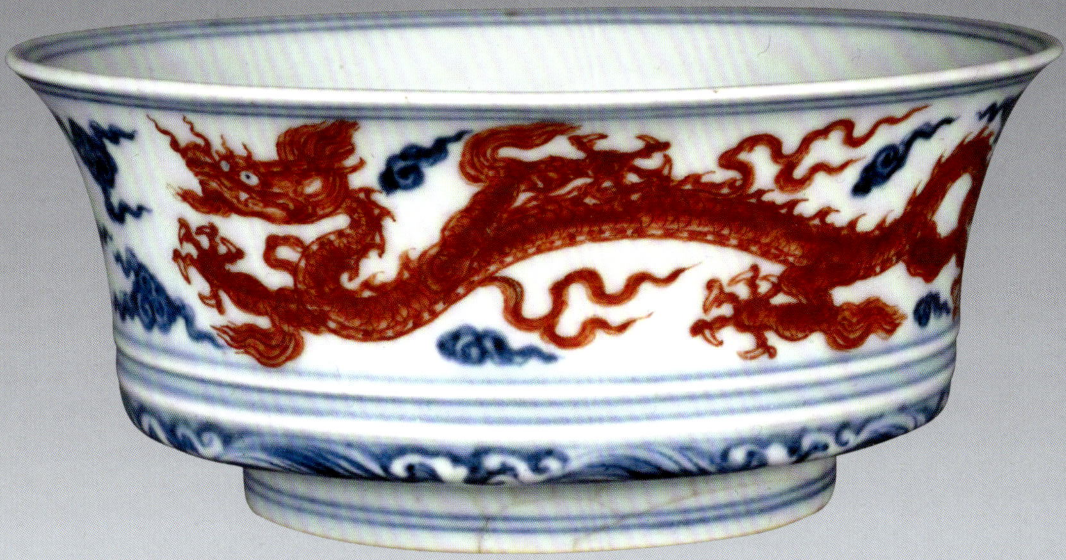

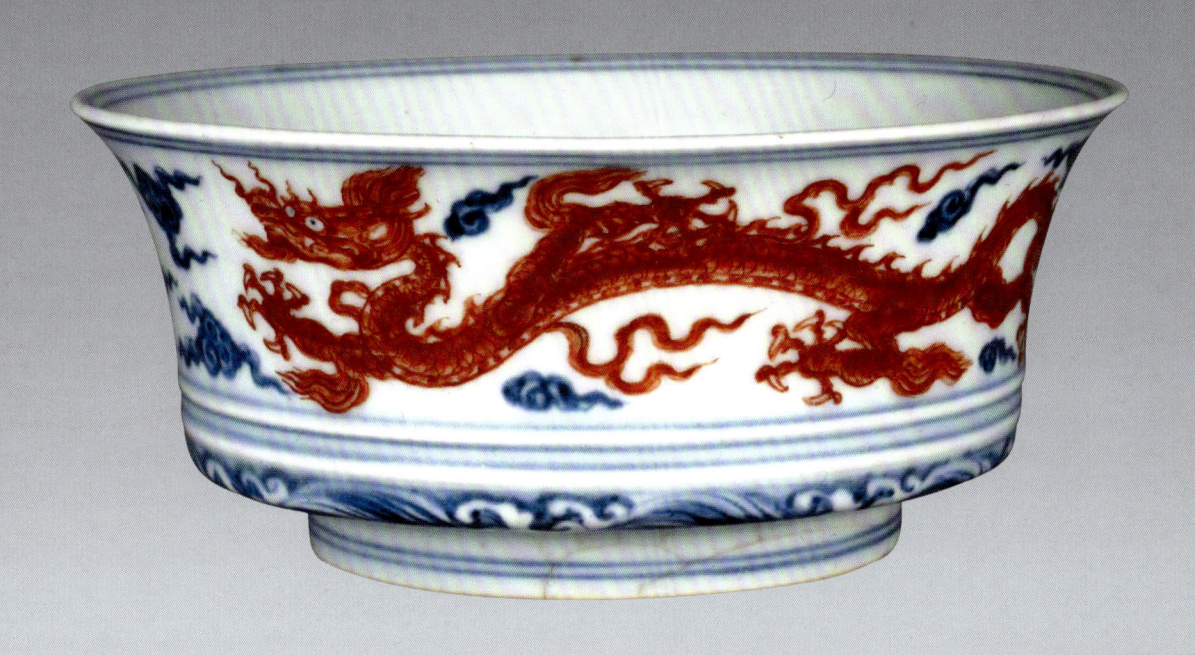

青花红彩云龙纹碗

年　代：明正德

尺　寸：高6.4厘米，口径15.7厘米

产　地：江西景德镇

收藏地：英国大维德基金会（Percival David Foundation of Chinese Art）

入藏号：PDF, A.706

　　敞口外侈，深弧壁，下折，圈足。内光素，外口沿以青花饰回纹一周，腹以青花绘两条游龙纹，红彩饰云纹。正德瓷器在明代起着承上启下的作用，器型转变了成化、弘治以来纤细的风格，而云龙纹则正好相反，一改明代粗壮的画法，形成细长体态，一如元代的云龙纹。龙爪趾距加大，象鼻上翘，龙尾分三，翻卷如春草纹。灵芝云纹风格更加飘逸，双勾色彩浓于填色。此碗青花发色艳丽，有晕散现象，红彩明亮深沉，底部有青花"正德年制"两行四字双圈楷书款。

113

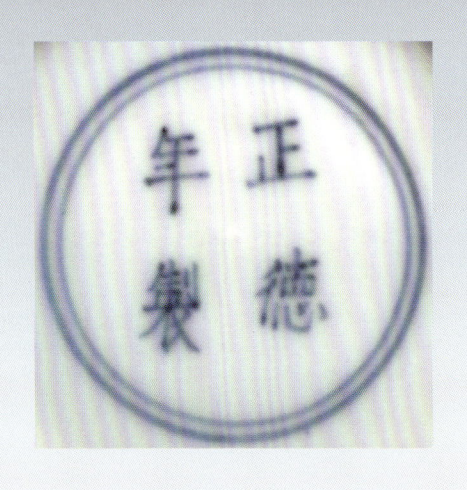

青花五彩缠枝牡丹纹葫芦瓶（一对）

年　　代：明嘉靖

尺　　寸：高22厘米

产　　地：江西景德镇

收藏地：英国大英博物馆（British Museum）

入藏号：1947,0712.92.a-b

　　小口，束腰，葫芦形，圈足。整器以黄色为地。上以青花饰缠枝莲花的枝蔓，以红彩绘花朵，黄彩为蕊；束腰处的朵花纹以青花为瓣，红彩为心；青花发色纯正稳定，红彩沉静，黄彩艳丽。此葫芦瓶釉面细腻，胎质坚实，色彩幽致，成对传世，实属罕见。

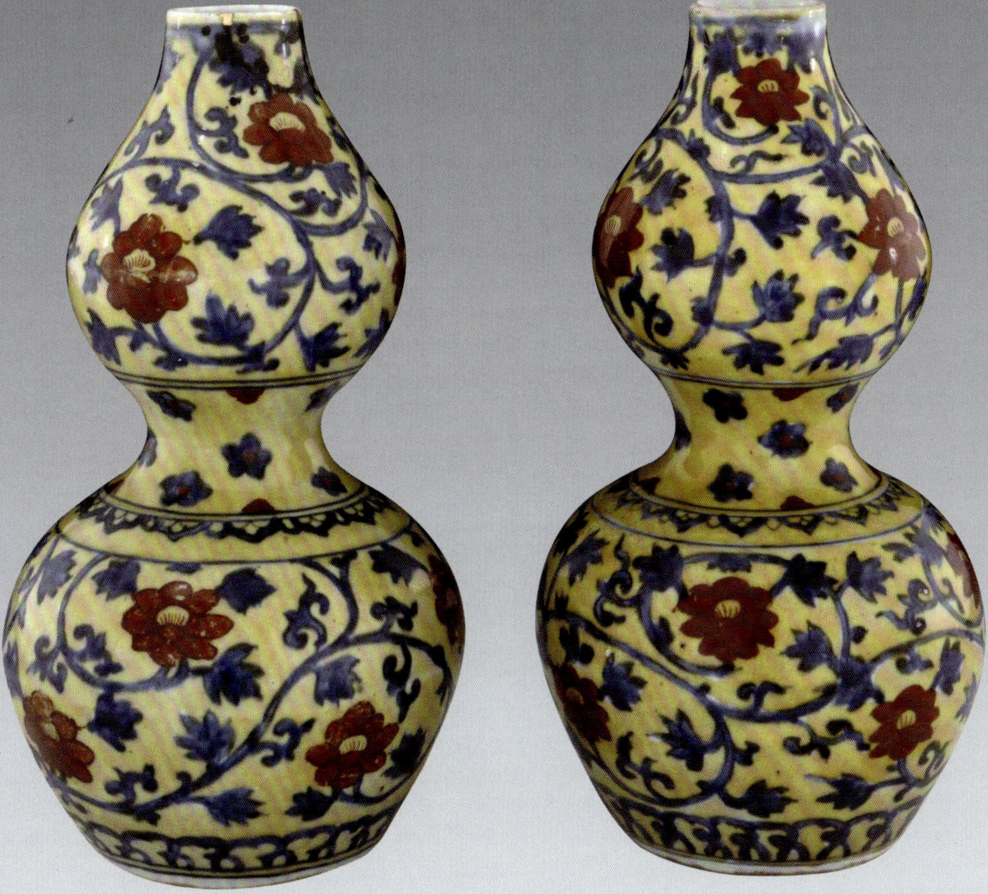

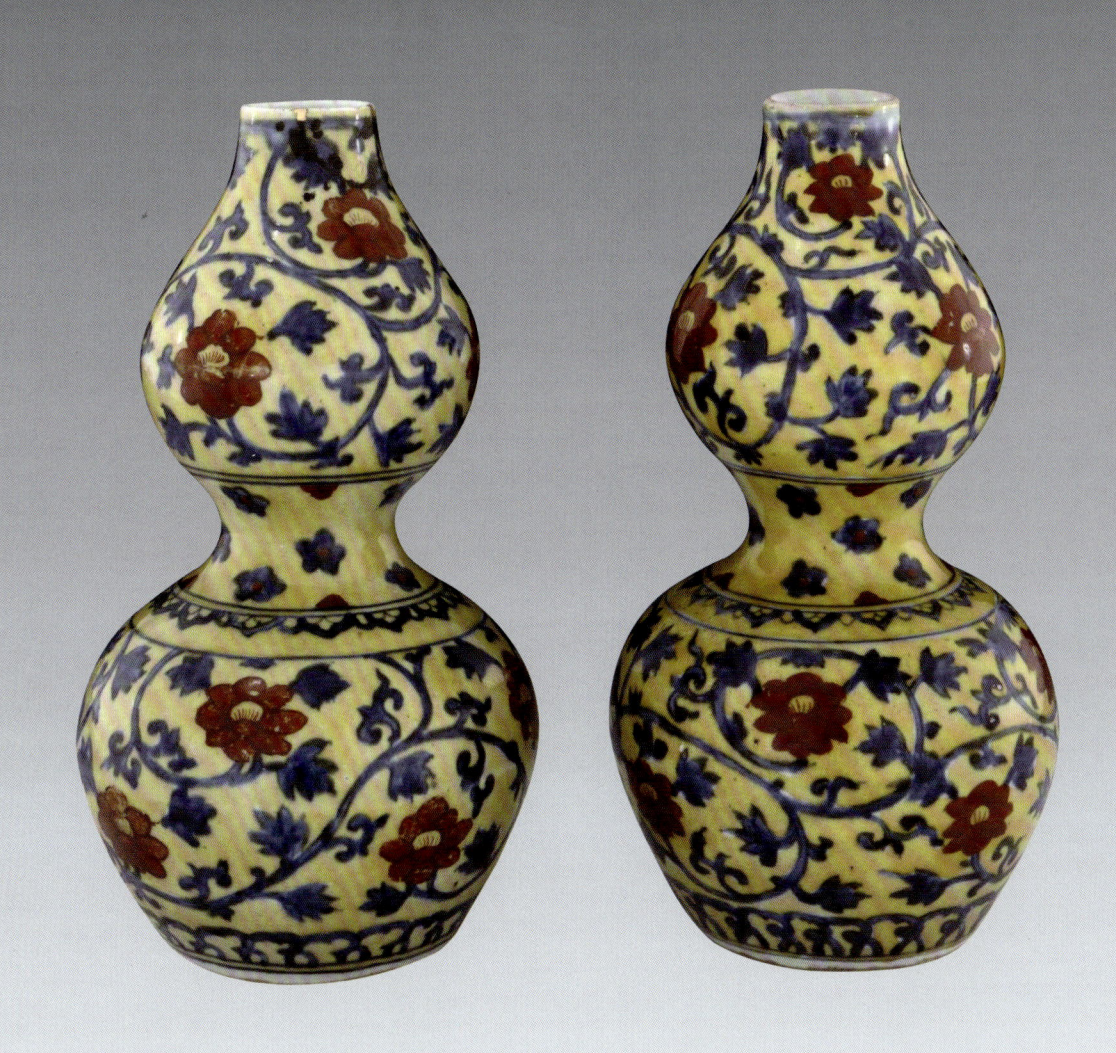

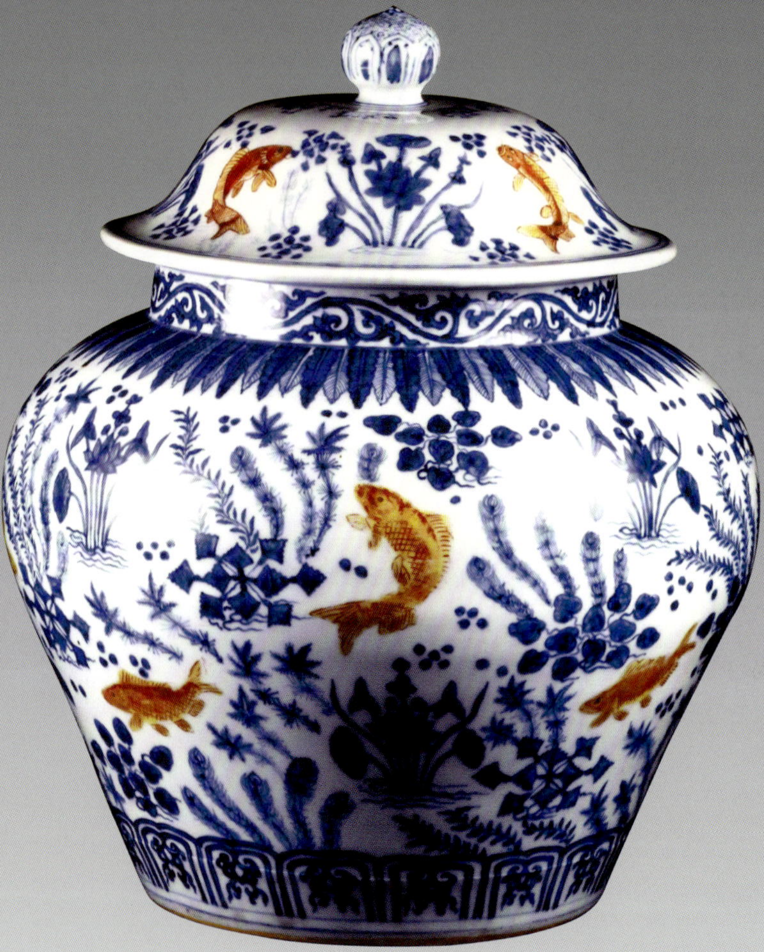

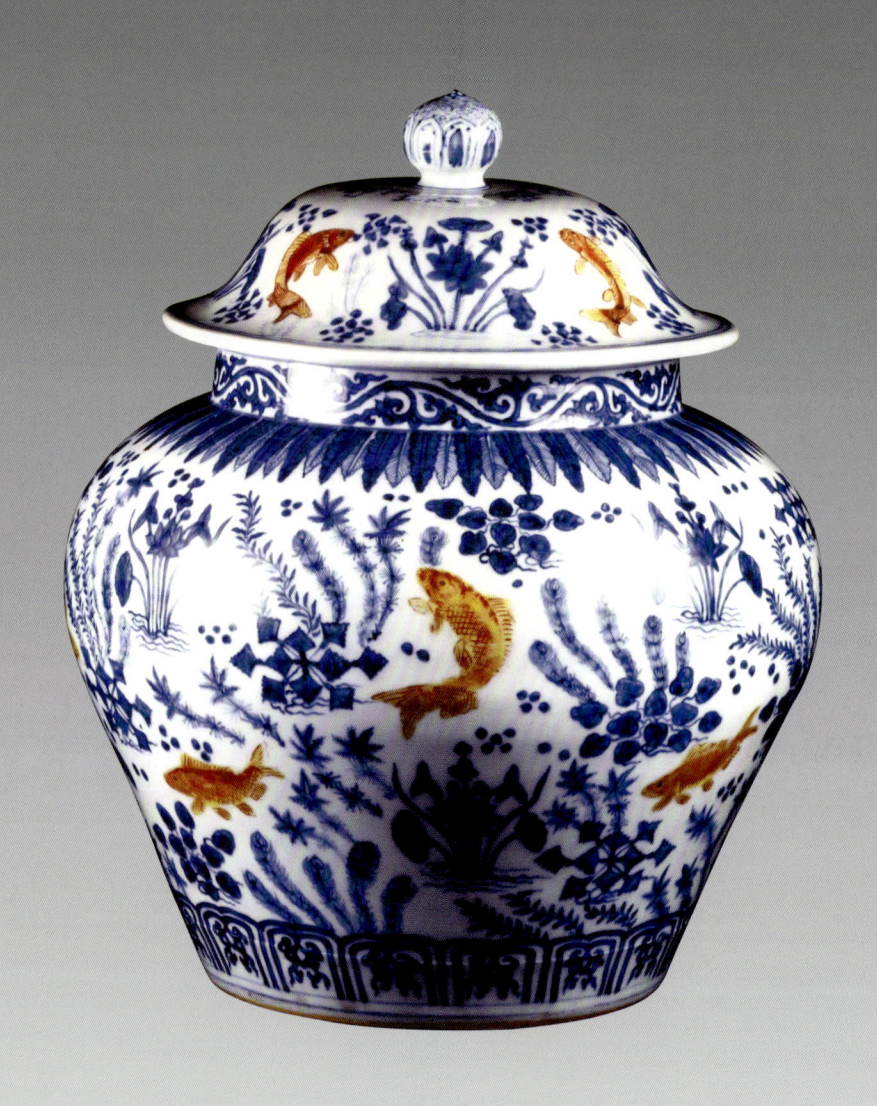

青花红彩鱼藻纹将军罐

年　代：明嘉靖

尺　寸：高73厘米，腹径35厘米

产　地：江西景德镇

收藏地：英国维多利亚和阿尔伯特博物馆（Victoria and Albert Museum）

入藏号：CIRC.118-1936

  直口，丰肩，敛腹，浅圈足，附宝珠顶高圆盖，因宝珠顶盖形似将军盔帽而得名。除宝珠顶和近足底饰莲瓣纹外，通体饰鱼藻纹。青花满绘摇曳的水草和盛开的荷莲，12尾追乐其中的游鱼先用红彩勾画轮廓及鱼鳞，涂抹黄彩，再以黑彩点睛，在满池青花的相映下，似能一跃而出。罐体池塘游鱼纹在嘉靖时期较为流行，寓意"金玉满堂"。底以青花书"大明嘉靖年制"六字两行双圈楷书款。

  此罐初见于明嘉靖、万历朝，至清代顺治时基本定型，流行于清康熙朝。

青花黄彩云龙纹倭角盖盒

年　　代：明嘉靖
尺　　寸：高9.5厘米，口径15.55厘米
产　　地：江西景德镇
收 藏 地：英国维多利亚和阿尔伯特博物馆（Victoria and Albert Museum）
入 藏 号：C.140 & A-1928

　　子母口，四方形倭角，平底。外壁通体以青花为地，除子母口连接处绘回纹外，其余各处皆为云龙纹。如意云头纹及龙纹先以红彩勾勒细节，再以黄彩涂抹，在色泽幽蓝的青花映衬下，游龙纹立体感立现，尊贵之气尤为显眼。

年　代：明万历

尺　寸：高9.8厘米，口径9.1厘米

产　地：江西景德镇

收藏地：英国大维德基金会（Percival David Foundation of Chinese Art）

入藏号：PDF, A.721

青花五彩婴戏纹公道杯

　　敞口，弧壁，圈足外撇。与常见老头或龙头不同，此杯中央立一执宫扇的青衣女性，其体内有一空心瓷管，直通杯底小孔，管的上口约在宫女胸前。向杯内注水时，若水位低于瓷管上口，水不会漏出；当水位超过瓷管上口，水即通过杯底的漏水孔漏光。因"知足者水存，贪心者水尽"而被人们称之为"公道杯"。

　　此杯内外口沿皆绘青花弦纹。内壁仅在近口沿处以红、绿、黄、黑诸彩绘如意云头纹；外壁以青花绘庭院婴戏纹，以红彩点太阳和花朵，以黑彩和绿彩绘草丛和个别松针。青花淡雅，红彩热烈，绿彩含蓄，黑彩深重，人物面貌虽不甚精细，但整体来说，不失为一件明后期的官窑精品。

青花五彩花卉纹碗

年　代：明万历

尺　寸：高8.4厘米，口径18.2厘米

产　地：江西景德镇

收藏地：英国大维德基金会（Percival David Foundation of Chinese Art）

入藏号：PDF 737

敞口外撇，深弧腹，圈足。碗内口沿及足部饰青花弦纹，中心饰一对在云层中隐现的龙凤纹，外口沿饰青花回纹，腹部以五彩绘四组依山石而生的群菊花纹，红彩艳丽，黄彩淡雅，青花浓艳，绿彩奔放，在细白莹润的釉面上，带来一派秋日的高爽。碗底白釉，上以青花书"大明万历年制"六字两行双圈楷书款。

121

青花五彩动物纹花瓣形蟋蟀罐

年　代：明万历

尺　寸：高13.2厘米，口径14.2厘米

产　地：江西景德镇

收藏地：英国大英博物馆（British Museum）

入藏号：Franks.1606

　　罐身起十二道棱形，形如花瓣，宝珠形银纽盖。盖面有六个花瓣式旋棱，内以黄、绿、红、黑彩分别绘六朵折枝花卉。盖沿青花弦纹内饰卷草纹。罐口沿青花弦纹内为缠枝花卉纹。外壁以青花为图案主绘，饰六组形态各异的猫狗纹，它们或爬高，或蹲坐，或追逐，或扑蝶，浓红、翠绿、杏黄三彩点缀其间，对比强烈，绘画流畅。

　　明代万历时期蟋蟀罐以青花为主，亦有五彩，器型十分丰富，有圆、方、扇面、梅花、瓜棱、花瓣等多种式样，纹饰有人物、花卉、龙、凤等，形制比明代早期的蟋蟀罐大。

123

青花五彩吕洞宾何仙姑图盘

- 年　代：明天启
- 尺　寸：高3厘米，口径15厘米
- 产　地：江西景德镇
- 收藏地：英国大英博物馆（British Museum）
- 入藏号：1945, 1016.27

敞口，折沿，浅弧壁，圈足，底以青花书"天启年制"四字两行双圈楷书款。盘内壁饰一完整图案：阳光明媚，朵朵祥云之下，手持拂尘、身背宝剑的道教神仙吕洞宾与肩负一荷叶的何仙姑驻足交谈，衣纹线条流畅，人物写实，山景、瑞果等周围点缀简洁明快。

青花灰蓝，红彩浓烈，绿彩淡雅，黄彩轻淡，黑色勾边写意。

年　代：明天启

尺　寸：高3.2厘米，口径19.5厘米

产　地：江西景德镇

收藏地：英国大英博物馆（British Museum）

入藏号：1962,0424.4

青花五彩花朵纹折沿盘

　　敞口，折沿，浅弧壁，圈足，底以青花书"天启年制"四字两行双圈楷书款。内外以白釉为地，上以青花五彩为饰。从盘中心开始，青花网状以层花瓣形式向外辐射，红花绿蕊、黄花红蕊、棕花黄蕊的六瓣星状朵花环缀其间。层层叠叠间，各彩发色明快，质朴可爱，给人一种视觉的扩张效果，尤为神奇。

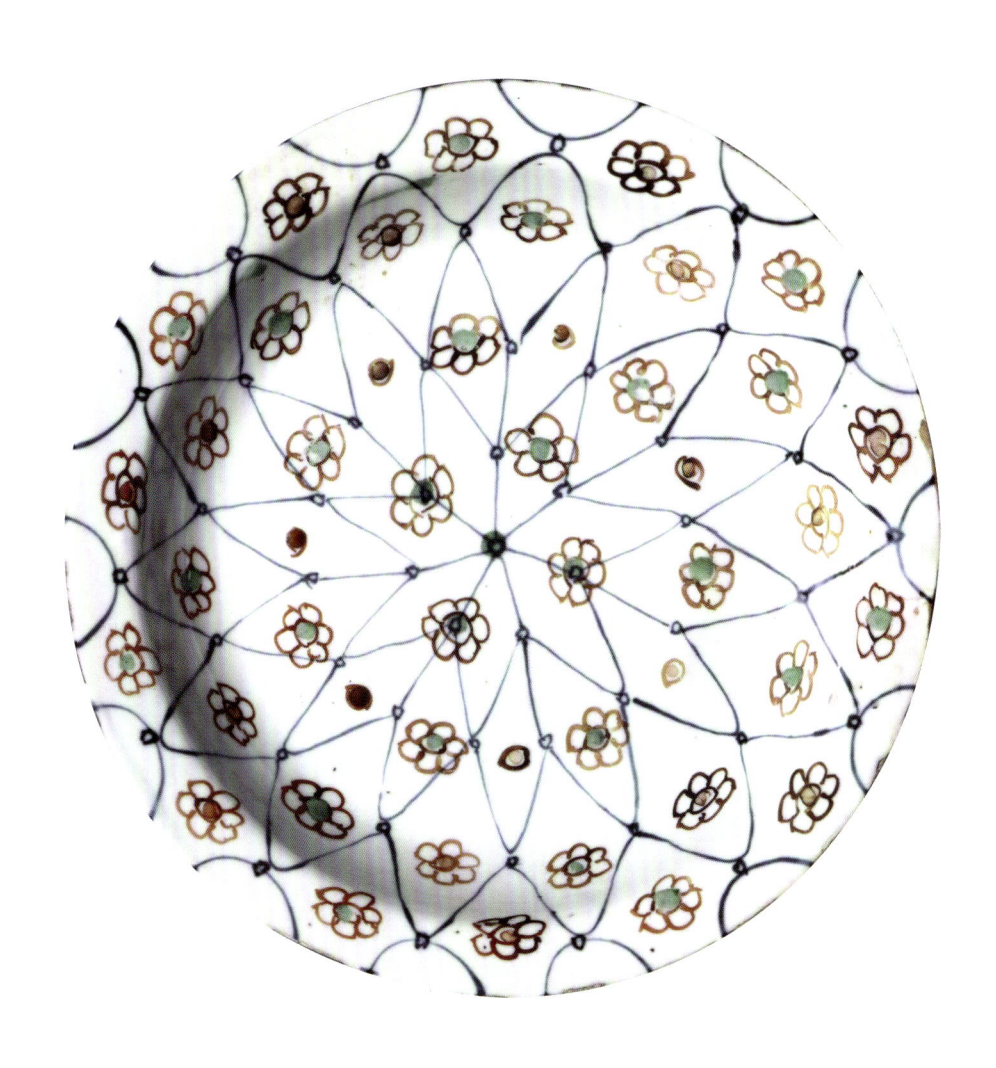

釉里红

釉里红缠枝莲纹执壶

年　代：明洪武
尺　寸：高32.5厘米
产　地：江西景德镇
收藏地：英国大维德基金会（Percival David Foundation of Chinese Art）
入藏号：PDF, A.696

　　直口，束颈，丰腹下垂，圈足。底施白釉，无款。弯曲形执手，上附一小系纽；另一侧置上挑弧线形的壶流，并以一云板形饰件与壶颈相连。外以釉里红装饰，壶口沿处饰一周回纹，下绘蕉叶纹，再往下依次为：卷草纹、披肩云纹、缠枝莲纹、变形莲瓣纹，近足处绘一周卷草纹。执手上和弯流上饰串莲纹。

　　釉里红自元代初创，到明洪武时已有所改进。此执壶纹饰一改元代以色块为主的装饰，线描流畅，涂抹明快，釉里红呈色艳红，整器统一，略有晕散，器型大而规整，线条圆润感初现，是明初洪武时的釉里红典型器。

127

釉里红串枝花纹瓜棱大罐

年　代：明洪武

尺　寸：高67.2厘米

产　地：江西景德镇

收藏地：英国大英博物馆（British Museum）

入藏号：1936,1012.37

　　撇口，束颈，丰肩，圆腹下敛，圈足。器身呈十二道瓜棱形，器型硕大，釉色灰白泛青，胎体厚重。通体以如意云头纹、变形莲瓣纹、折枝花卉和串枝花卉纹为饰，双勾填色，粗细有变化。令人印象深刻的是其釉里红的发色：呈色深红，晕散严重，且一面串枝花卉纹上甚至为黑灰色，可见明显的铁褐斑。据推测，此类大罐在当时被用来储藏供宫廷饮用的葡萄酒。

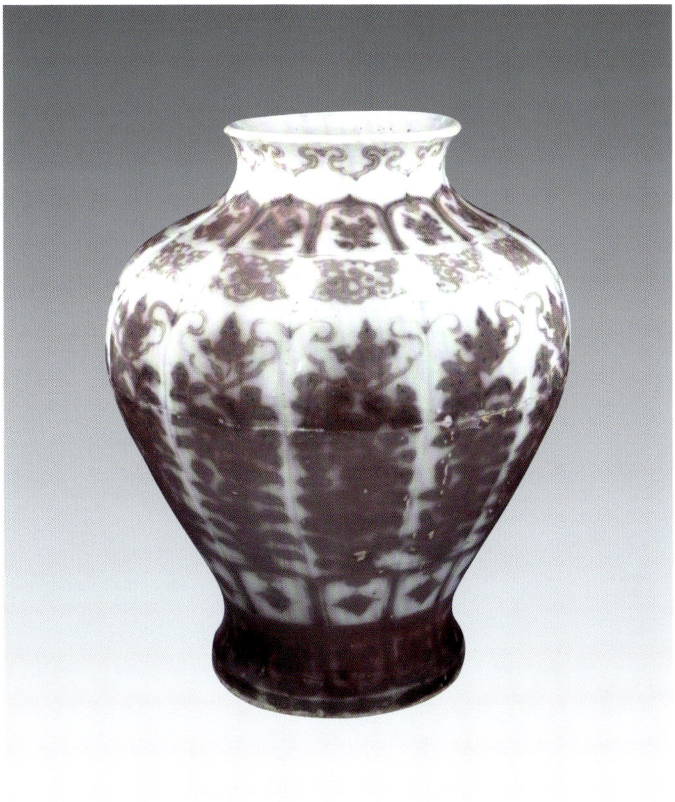

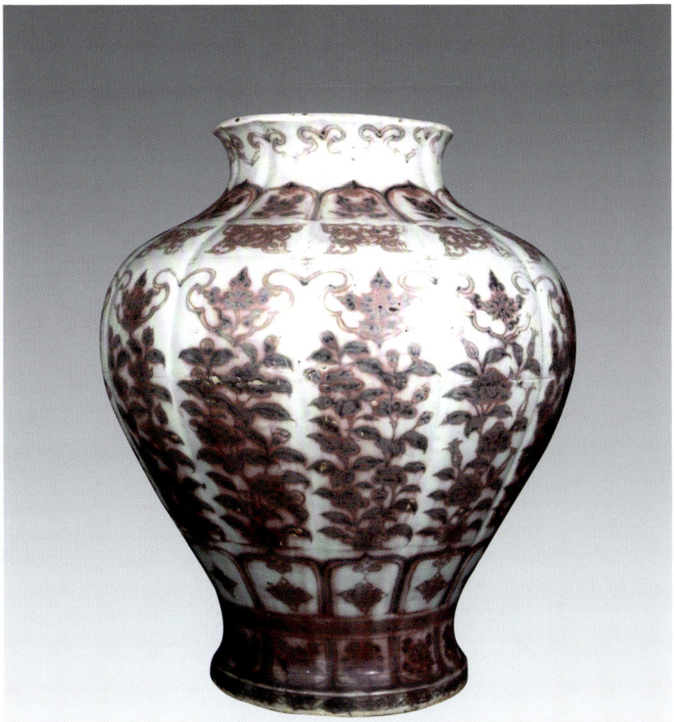

釉里红花卉纹军持

年　代：明洪武

尺　寸：高13.3厘米，腹径16厘米

产　地：江西景德镇

收藏地：英国维多利亚和阿尔伯特博物馆
（Victoria and Albert Museum）

入藏号：C.132-1928

  军持，是一种盛水器，为云游僧人贮水备饮用及净手之用。自隋唐时传入中国后一直受到各地窑口的欢迎，其至大量出口东南亚。此器唇口，口下出沿，短直颈，扁圆腹，短流，无柄，浅圈足。器底白釉，火石红呈色柔和。通体釉里红装饰，口沿以下饰卷草纹、弦纹、莲瓣纹，颈饰锦纹，肩部饰覆莲瓣纹，腹部主题纹饰为连枝牡丹纹，近底处饰如意云头纹，口流饰卷草纹。这件釉里红牡丹纹军持釉面乳白润泽，造型独特，纹饰疏密有致，釉里红发色纯正，堪称洪武釉里红制品中的珍品。

釉里红白龙纹高足碗

年　代：明永乐

尺　寸：高10.1厘米，口径15厘米

产　地：江西景德镇

收藏地：英国大英博物馆（British Museum）

入藏号：1968,0423.2

敞口外侈，深弧腹，高圈足。器身以釉里红拔白方式装饰，先在白胎上留出戏珠龙纹和卷草纹的部位，然后用铜红料涂抹其他空余之地，烧成后图案花纹即在周围红色之中以胎釉本色显现出来。五爪龙纹身体蜿蜒细长，四肢肘毛皆呈三条飘拂状，周边点缀不同形状的云纹。此高足碗器型规整，大气磅礴，釉面青润光洁，装饰精细明快，釉里红呈色纯正艳丽，为永乐朝官窑的精作。

釉里红三鱼纹高足碗

年　代：明宣德

尺　寸：高9.2厘米，口径10.1厘米

产　地：江西景德镇

收藏地：英国维多利亚和阿尔伯特博物馆（Victoria and Albert Museum）

入藏号：C.64-1935

　　撇口，弧腹较深，高足外侈。通体白釉，釉面洁白如玉，釉色滋润细腻。碗身用釉里红饰三尾鳜鱼，形体丰肥，鱼头上扬，鱼尾呈长圆翘起，由于高温铜红釉的局部使用，其鱼纹凸起，在透明釉的映衬下，极富生趣。碗心内以青花书"大明宣德年制"六字两行双圈楷书款。

　　釉里红三鱼纹高足碗是明宣德时出现的新型品种，"鱼"和"余"谐音，红色又代表富贵和祥和，因此在明代极负盛名。后朝皆有仿制，其中以康熙朝仿品最为精细，但釉面不及真品肥腴明亮，腹部欠丰满，高足线条略显生硬。

133

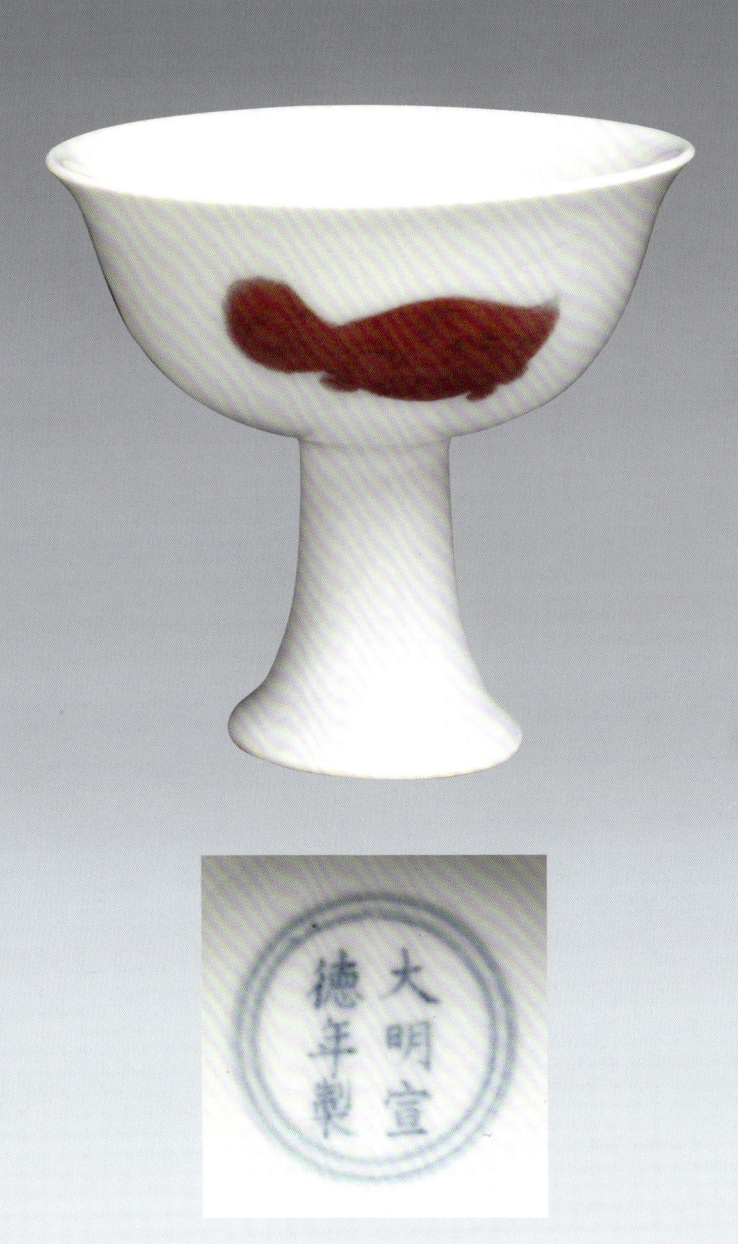

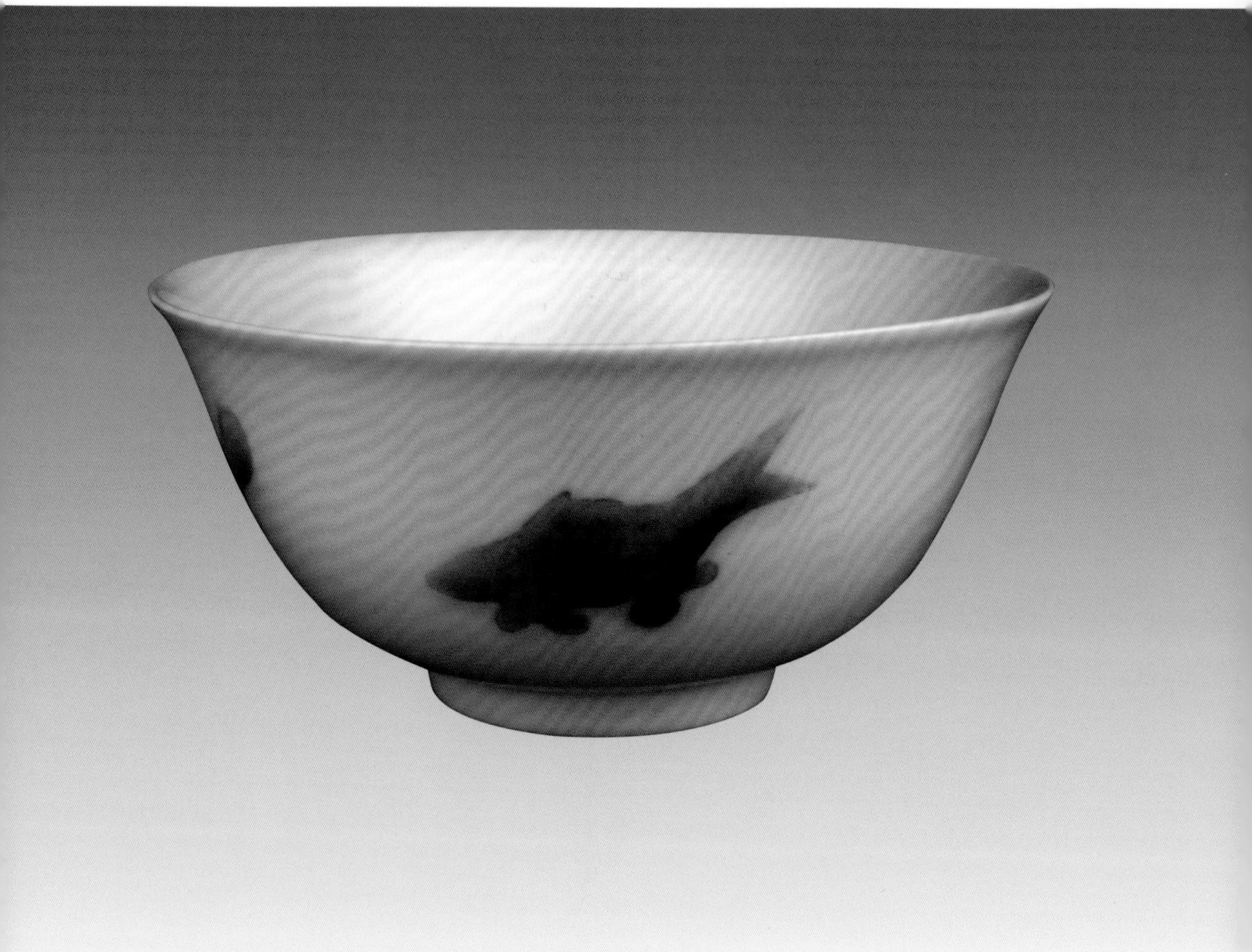

釉里红四鱼纹碗

年　代：明正德

尺　寸：高7.9厘米，口径16.8厘米

产　地：江西景德镇

收藏地：英国大维德基金会（Percival David Foundation of Chinese Art）

入藏号：PDF.673

　　敞口外撇，深弧腹，高圈足。通体白釉，釉面光洁，釉色乳白，碗身用釉里红饰鳜鱼四尾，与前朝相比，鱼头偏尖，鱼鳍明显，鱼尾分叉明显，有如异兽在水底行走，技法上用线描而成，也不似前朝以涂抹为主。碗底以青花书"正德年制"四字两行双圈楷书款。

釉里红三果纹高足碗

年　代：明万历

尺　寸：高10.4厘米，口径15.4厘米

产　地：江西景德镇

收藏地：英国大维德基金会（Percival David Foundation of Chinese Art）

入藏号：PDF, B.624

　　撇口，弧腹较深，高足中空，微外侈。通体白釉，釉面微闪青，细腻光洁。碗内壁暗刻两条五爪龙纹，中心青花书"大明万历年制"六字两行双圈楷书款。外腹用釉里红饰三个单水果：桃子、石榴、柿子，寓意"多寿、多福、多子"。此碗釉里红发色黑红，已远不如前朝。

　　由于釉里红烧制难度大，成品率极低，因此自明宣德以后，釉里红的烧制就走下坡路，直到清康、雍、乾三朝才得以复苏，这时的釉里红发色较为纯正艳美。

137

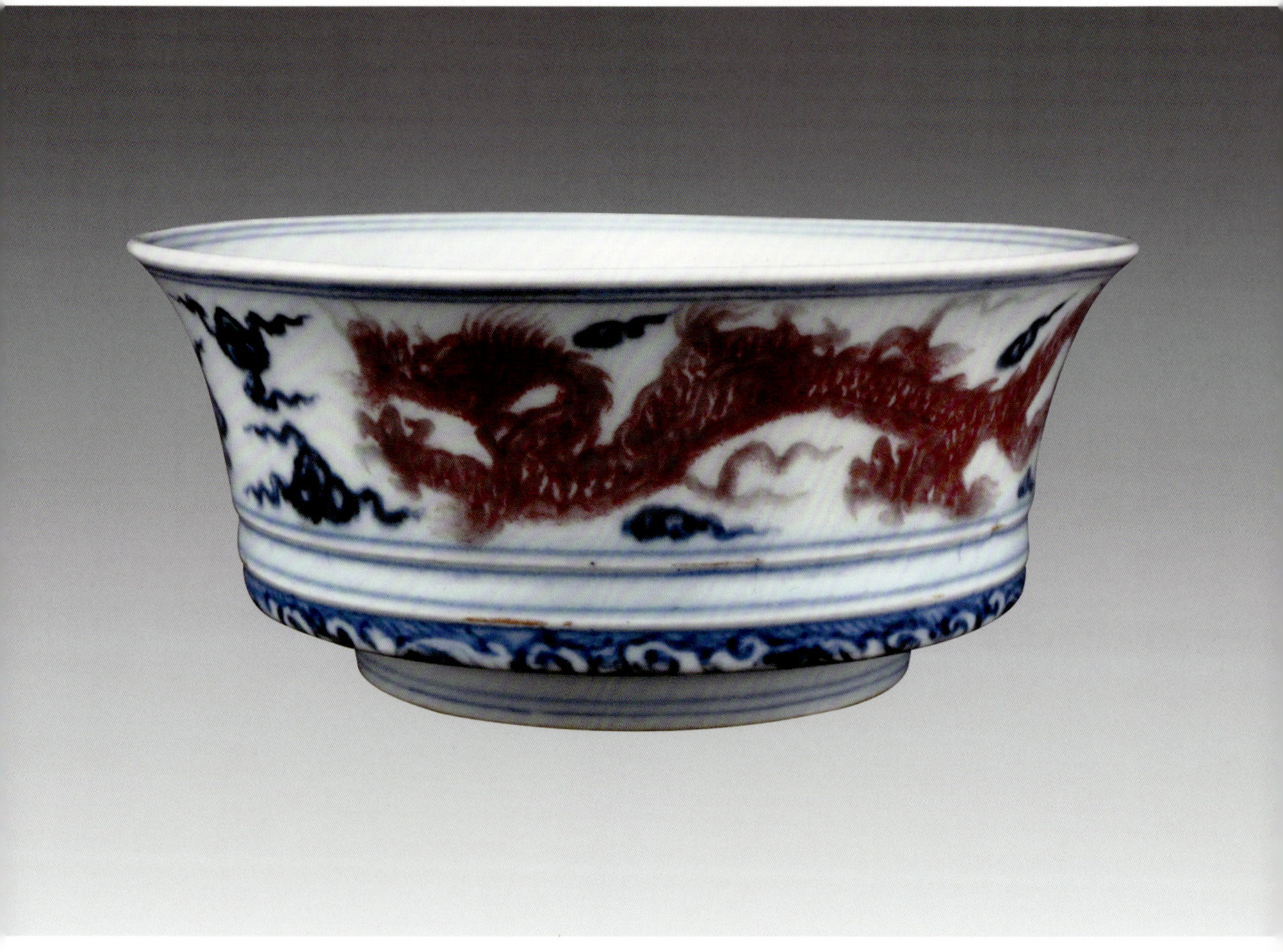

青花釉里红云龙纹盖碗

年　代：明宣德
尺　寸：高13.3厘米，口径16厘米
产　地：江西景德镇
收藏地：英国大维德基金会（Percival David Foundation of Chinese Art）
入藏号：PDF, A.678

　　敞口外撇，深弧腹，折底，圈足。整体施白釉，器表以釉下青花和釉里红为饰。碗内外口沿及下腹部以青花饰弦纹和海水纹，腹部以釉里红绘两条穿行在云间的游龙。碗内光素无纹饰，中心以青花书"大明宣德年制"六字两行双圈楷书款。青花发色浓艳，釉里红呈色艳丽。

青花釉里红海水龙纹高足碗

- 年　代：明宣德
- 尺　寸：高10.5厘米，口径15.2厘米
- 产　地：江西景德镇
- 收藏地：英国大维德基金会（Percival David Foundation of Chinese Art）

入藏号：PDF, A.626

　　侈口，斜弧壁，中空高圈足。碗内光素，仅在口沿处以青花饰弦纹两道，中心青花双圈内书"宣德年制"四字两行楷书款。外壁以青花绘海水波涛，暗刻釉里红龙纹，碧波映红，格外鲜明。

　　明宣德时釉里红烧制极为成功，不似前朝黑红和粉红，已经能够自如地在瓷器上描绘各种图案，烧出色泽鲜艳的宝石红。此高足碗就是其中一例。

青花釉里红五彩石榴纹葫芦瓶

年　代：明万历
尺　寸：高53厘米
产　地：江西景德镇
收藏地：英国大维德基金会（Percival David Foundation of Chinese Art）
入藏号：PDF.727

小口，直颈，葫芦形，上圆球形腹，下四方形腹，寓意"天圆地方"。浅圈足，无釉露胎，修胎痕迹明显。主题纹饰用青花釉里红绘折枝石榴纹，间以黑彩、绿彩、黄彩、赭彩绘蝴蝶、蕉叶纹和各种云纹点缀其间，纹饰密而不乱。此瓶釉面青白，青花蓝灰，釉里红呈色黑红，已经失去了宣德时期的明亮。

斗彩

斗彩花鸟纹高足杯

年　代：明成化
尺　寸：高7.6厘米，口径6.8厘米
产　地：江西景德镇
收藏地：英国大英博物馆（British Museum）
入藏号：1943,0215.13

　　敞口外撇，深腹，喇叭状高足外撇。白釉莹润，胎骨轻盈，胎质细腻，器型小巧，隽秀可爱。杯外壁以青花绘枝头瑞鸟，喜鹊喻喜事渐近，鹦鹉祝愿美好长寿，柿子和桃子组合在一起，寓意诸事如意。因此，此杯也被人称之为"诸事随心高足杯"。足内青花书"大明成化年制"六字一行楷书款。花鸟纹饰，笔触纤细，绘画流畅，青花发色淡雅，底无釉处为成化特有的"糊米底"。此杯是明成化时期的典型器。

143

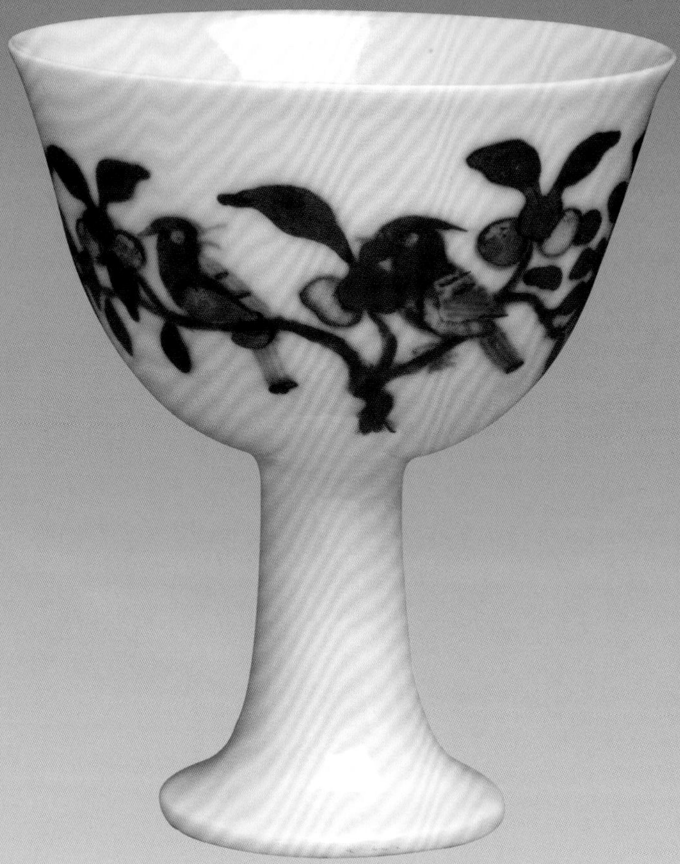

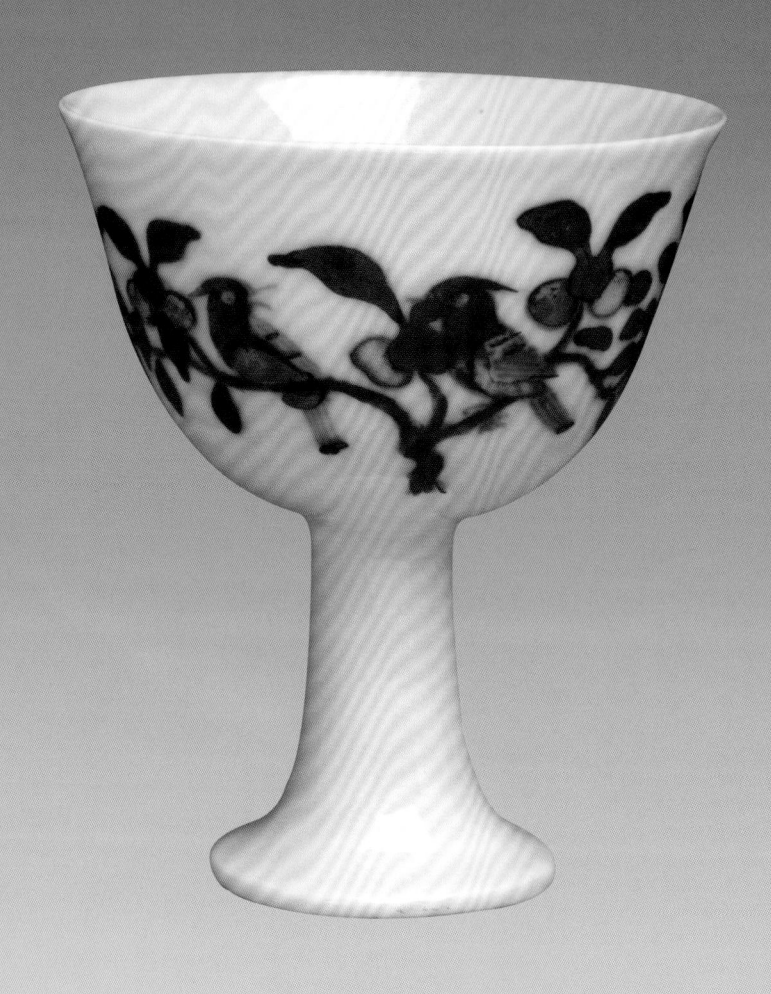

斗彩折枝瑞果双禽纹高足杯

年　代：明成化
尺　寸：高7.62厘米
产　地：江西景德镇
收藏地：英国维多利亚和阿尔伯特博物馆（Victoria and Albert Museum）

入藏号：C.34-1954

　　敞口外撇，深腹，喇叭状高足外撇。斗彩是以釉下青花与釉上红、黄、紫、绿等深浅不同的颜色，相互配合组成画面纹饰，因釉上釉下色彩斗艳争奇而名。传世的明代成化斗彩瓷器以小件杯、碗为主。此杯胎体细润，釉面光泽如玉，绘画淡雅幽婉，色彩黄色杏嫩，红色深沉，青花浅淡，赭紫色暗，生机盎然，可爱有趣，为一代佳作。

斗彩鸡缸杯（一对）

年　代：明成化
尺　寸：高3.8厘米，口径8.3厘米
产　地：江西景德镇
收藏地：英国大维德基金会（Percival David Foundation of Chinese Art）
入藏号：PDF,A.748

　　敞口外撇，深腹，浅圈足。此缸通体施白釉，釉面洁润，光泽度较高，釉色细腻，胎体轻薄，碗底以青花书"大明成化年制"六字两行双框楷书款。

　　碗内光素无纹，外以青花、红、绿、黄、赭等色装饰纹样。外壁以牡丹湖石和兰草湖石将画面分成两组，一组中母鸡与一小鸡啄食蜈蚣引得公鸡回首注视，两只小鸡自在玩耍在旁，另一组公鸡正引吭高歌，身后一母鸡与三小鸡欲食蜈蚣，画面形象生动，生机勃勃。

　　现存于世的明成化斗彩鸡缸杯被公认为是世界上的艺术珍品，传世稀少，成对传世的更是珍贵。

147

148

斗彩夔龙纹杯

年　代：明成化

尺　寸：高5厘米，口径7.5厘米

产　地：江西景德镇

收藏地：英国大维德基金会（Percival David Foundation of Chinese Art）

入藏号：PDF,A.745

敞口微撇，斜弧壁，圈足。足墙高直，底以青花书"大明成化年制"六字两行双框楷书款。杯腹绘四组团夔龙纹为主题纹饰，以上下相对的朵花纹间隔。夔龙纹造型奇特，嘴唇上翻如象鼻，嘴里咬着一束莲花。纹饰皆以青花勾边，内填之以黄、绿、红诸彩。胎质洁白细密，胎体秀美轻薄，釉质温润如脂，诸彩浓淡有别，整器素雅大方，精雅绝伦。

斗彩海水瑞兽纹大盘

年　代：明成化

尺　寸：高3厘米，口径18厘米

产　地：江西省景德镇

收藏地：英国大英博物馆（British Museum）

入藏号：1968,0422.40

　　敞口外撇，浅弧腹，浅圈足。通体施白釉，釉面细腻光洁，釉色均匀干净，器型虽大胎体却轻薄，底以青花书"大明成化年制"六字两行双框楷书款。盘内壁仅在中心绘一飞腾在天的麒麟异兽，麒麟通体以青花为主，鹿角、羊蹄、龙身、鲲翅、狮尾，形象生动，壬字形云纹时代特征明显；外腹绘四组瑞兽纹，在汹涌的海水中和祥瑞云层中，马、龙、狮、象等异兽们踏浪而行，充满奔腾感。配色呈现青花浓艳，绿色浅淡，黄色深暗，赫色沉静，搭配和谐，色泽柔和。

151

斗彩花卉湖石纹罐

年　代：明成化

尺　寸：高9.1厘米

产　地：江西景德镇

收藏地：英国大维德基金会（Percival David Foundation of Chinese Art）

入藏号：PDF 797

　　短直口，丰肩鼓腹微下敛，浅圈足。白釉以地，釉面洁净有光泽度，白釉纯正，胎骨精细，罐底以青花书"大明成化年制"六字两行双圈楷书款。罐腹以斗彩饰三组湖石花卉纹，山茶花交替以娇黄和艳红互为花瓣和蕊心，绿叶迎风，伸展自如，湖石则以绿、黄、赫三色为饰，足底湖水波浪轻涌，岸边蝴蝶翩飞，雏菊摇曳，一派生机。

　　此罐器型浑圆，线条流畅，色彩艳丽而明快，是明成化年间不可多得的斗彩精品。

153

斗彩瓜蔓行龙纹天字罐

年　代：明成化

尺　寸：高12厘米，腹径11厘米

产　地：江西景德镇

收藏地：英国大英博物馆（British Museum）

入藏号：1968,0422.41

  直口，短颈，丰肩，敛腹，广底圈足，罐底书一青花"天"字楷书款，故名。罐腹以青花绘行龙，筋骨有力却无龙鳞，下巴紧收，双目鼓出，龙尾分叉卷曲。四周瓜蔓缠绕，翠叶阴阳，瓜实饱满。颈部及足部的变形莲瓣纹皆以艳烈的红彩平涂。造型端庄秀丽，色彩整体艳丽柔和，画意飘逸洒脱。

  天字罐是成化斗彩中最著名的品种，御用瓷器，为成化朝首创。关于"天"字的来历，一直有很多种推测，都没有令人信服的结论，但其名贵和珍稀却是举世公认的。

155

斗彩云龙纹碗

年　代：明正德
尺　寸：高16.2厘米
产　地：江西景德镇
收藏地：美国大都会艺术博物馆（Metropolitan Museum of Art）

入藏号：1991.253.54

　　敞口微侈，深弧腹，圈足稍高。白釉以地，釉面乳白，釉色柔和，胎体厚重，碗底以青花书"正德年制"四字两行双圈楷书款。内壁光素，外口沿和足部以青花饰飘带如意云头纹，腹以斗彩饰两组戏珠云龙纹，海水江崖现云层之中，游龙细身蜿蜒，张嘴吐舌，圆目怒睁，呈风车状排列的五爪利张，正在追赶前方的飘带宝珠。整个纹饰以青花勾勒和装饰为主，绿彩和红彩点缀于其中，协调搭配之下，更突出了游龙的动感和活泼。

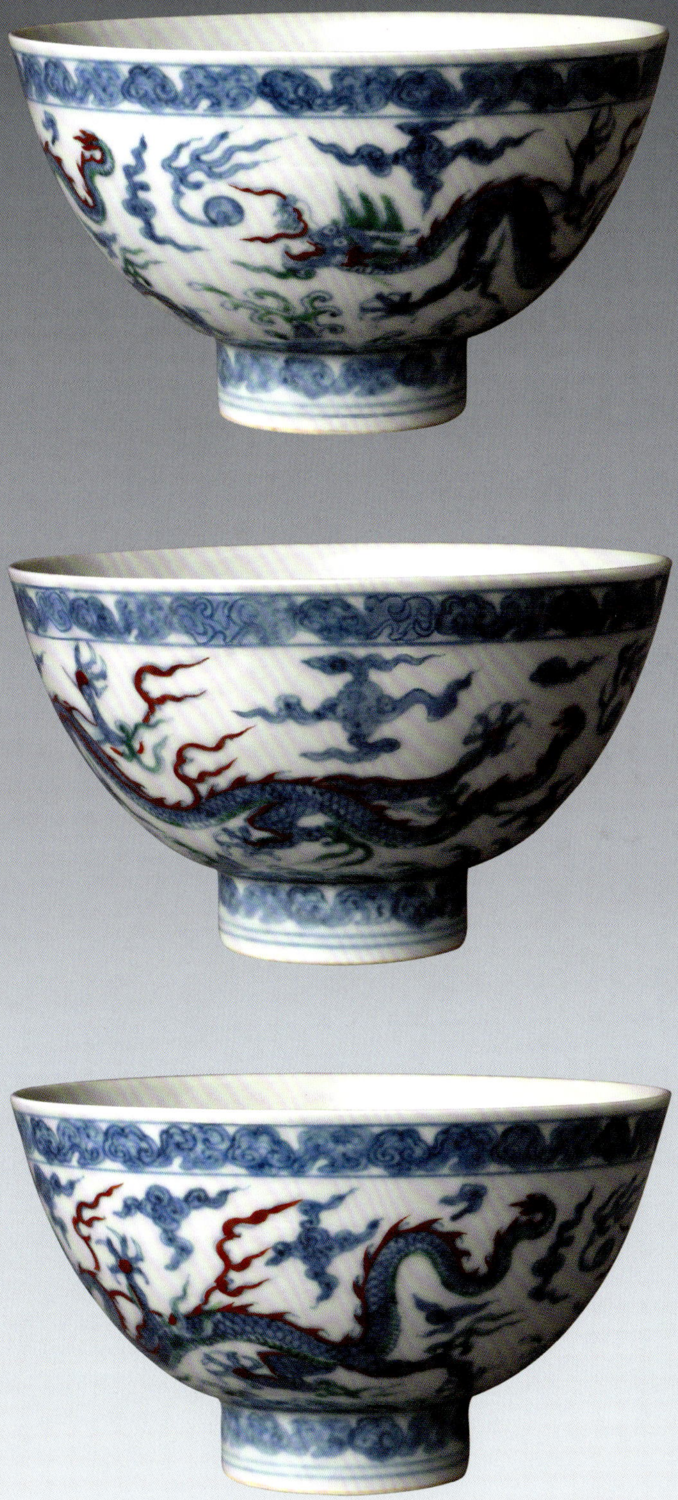

斗彩灵芝纹杯

年　代：明万历

尺　寸：高4.7厘米，口径7.4厘米

产　地：江西省景德镇

收藏地：英国大维德基金会（Percival David Foundation of Chinese Art）

入藏号：PDF.792

　　敞口微侈，弧深腹，圈足。釉面白中泛青，釉色微透明，胎骨细腻厚重。杯内光素，外以斗彩饰四朵由青花、红、绿、黄三色灵芝纹组成的团花纹样，以上下对应的垂花纹相隔，青花勾边，填色深浅有致。底部以红彩书"大明万历年制"六字两行双框楷书款。

　　灵芝因其功效在古时有"仙草"之誉，成为长寿富贵、如意吉祥的象征。人们相信，灵芝的出现，预兆着国泰民安，世事昌达，因此它一直是中国传统纹饰中大众喜闻乐见的题材之一。

159

五彩

五彩鸳鸯荷莲纹盘

年　代：明成化

尺　寸：高4.8厘米，口径21.7厘米

产　地：江西景德镇

收藏地：英国大维德基金会（Percival David Foundation of Chinese Art）

入藏号：PDF, A.763

　　敞口外撇，浅弧腹，圈足。盘外壁以缠枝荷莲纹和灵芝纹交替出现，内壁以红、绿、黄等色绘四束莲纹，四条丰腴的游鱼首尾相对戏于其间，荷叶上的孔雀绿深浅不一，柔和别致；盘中心红彩双圈内绘五彩鸳鸯荷莲纹，水波轻荡，红莲黄蕊，荷花盛开，荷叶翻卷，水草随风摇曳，蝌蚪与鱼同游中，一对鸳鸯深情注视，自在嬉戏。构图中大面积地使用了红彩，其他色彩为点缀，线条流畅，自然写实，色彩浓艳。盘底以青花书"大明成化年制"六字两行双圈楷书款。

五彩缠枝花果纹罐

年　代：明成化

尺　寸：高11.4厘米

产　地：江西景德镇

收藏地：英国维多利亚和阿尔伯特博物馆（Victoria and Albert Museum）

入藏号：CIRC.219-1930

　　短颈直口，丰肩，鼓腹，圈足。罐口及足底以红彩饰弦纹两道，肩部以红绿彩绘蕉叶纹，腹部绘缠枝花果纹，桃子饱满，花瓣硕大，叶脉细长，构图大方，绘制生动。其中绿彩淡雅，红彩含蓄，黄彩柔和，在细白光泽的釉面衬托下，显得格外幽雅美丽，不失为成化时期五彩器中的代表作。

162

五彩云龙纹盘

年　代：明弘治

尺　寸：高3.5厘米，口径14.9厘米

产　地：江西景德镇

收藏地：英国大维德基金会（Percival David Foundation of Chinese Art）

入藏号：PDF.761

　　敞口外撇，浅弧腹，圈足。盘内壁口沿处以红彩饰弦纹两道，中心红彩双圈内以五彩饰翼龙戏珠纹，海水江崖之上，一翼龙张嘴怒睁，穿行在云层之中追逐宝珠。盘外壁以红、绿、蓝、黄等彩绘两条戏珠游龙，用蓝色装饰宝珠和部分云纹，为整个图案增加了一抹灵动感。盘底满釉，上用红彩书"上用"两字双圈楷书款。

　　有"上用"款识的瓷器，也是弘治时期官窑器的身份识别之一。

五彩莲纹大罐

年　代：明正德

尺　寸：高12.3厘米

产　地：江西景德镇

收藏地：英国大英博物馆（British Museum）

入藏号：1929,0722.12

侈口，丰肩，鼓腹下敛，圈足。罐口及足底以青花红彩饰弦纹，肩部和腹部以下用青花绘折枝莲纹，中间红彩弦纹内以红、绿、黄彩绘花果纹，外层花瓣和枝叶留白，以绿彩点缀内部花瓣、果实和嫩叶，黄彩为蕊，红彩为地，使得花果纹有种生机勃发的感觉。罐体厚实，釉面青灰，腹部接胎痕明显，罐底无釉，应属正德民窑之物。

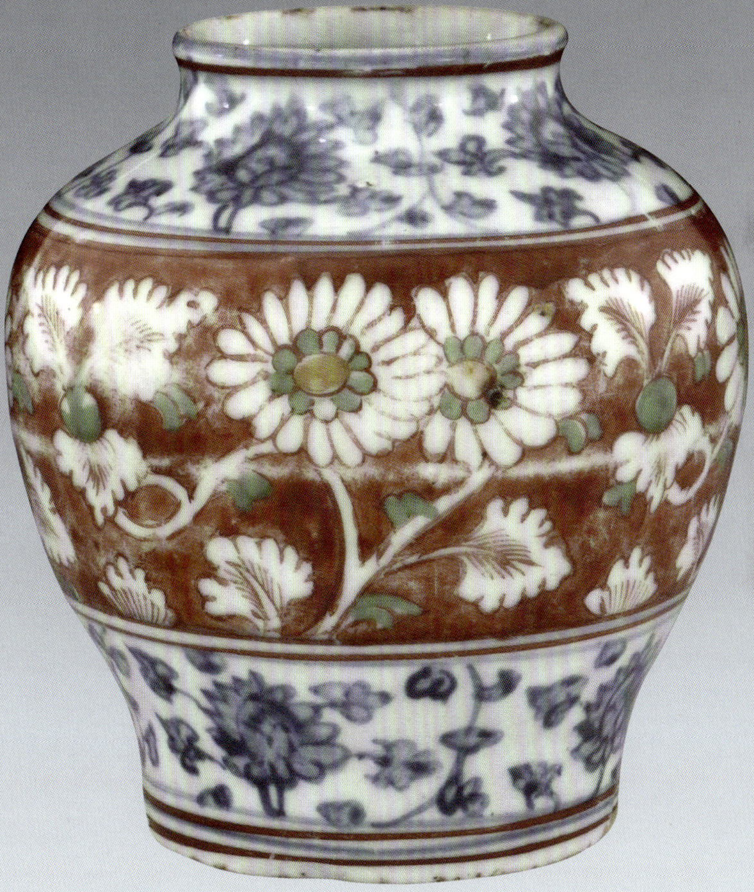

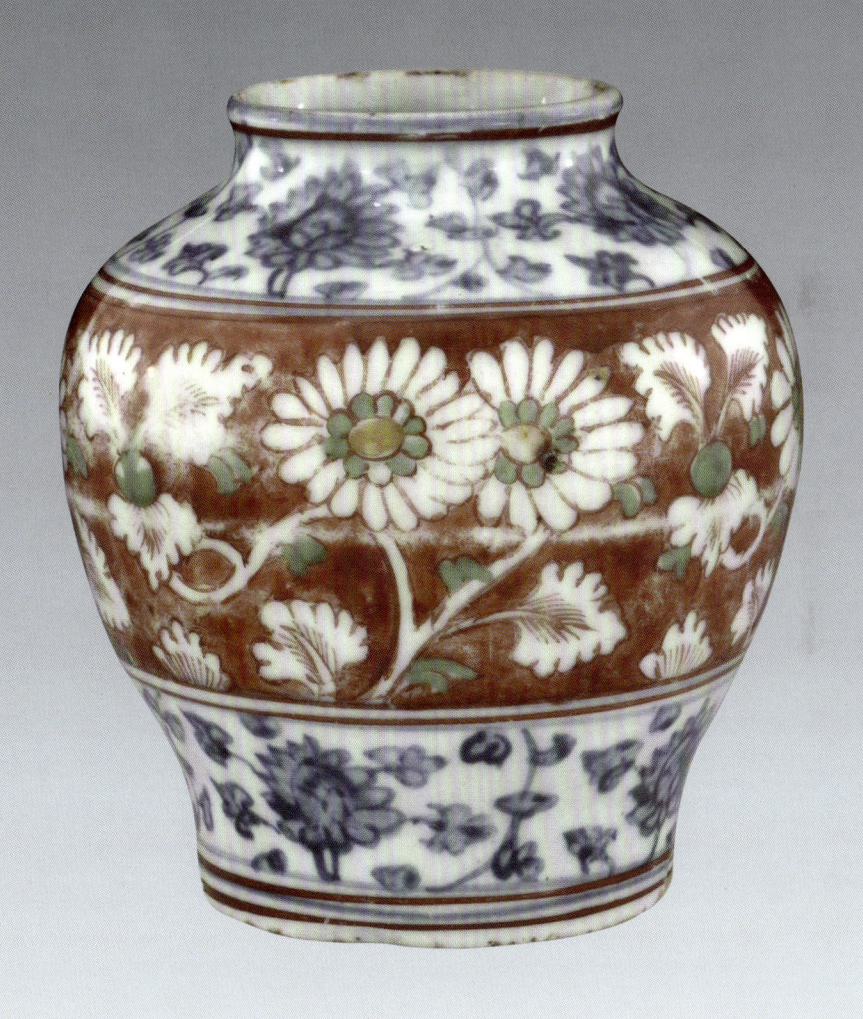

五彩骑牛图胭脂盒

年　代：明正德

尺　寸：高1.5厘米，口径7厘米

产　地：江西景德镇

收藏地：英国大英博物馆（British Museum）

入藏号：PDF.718

　　此胭脂盒呈凸形，釉面青白，小巧可爱，盒底无釉露胎。盒面以五彩绘了一幅老子骑牛图，老子青衣红裳，长髯束发，怀抱《道德经》，端坐在赭色牛背上悠然踏草而行，身后一黄衣小童肩挑草帽，随步在后。色彩淡雅，富有情趣。釉面用赭色书"梅小处书"，一旁还画两个红色的仿印章记。盒底以青花书"正德年制"四字两行楷书款。

167

168

外青花五彩婴戏内五彩璎珞纹碗

年　代：明嘉靖

尺　寸：口径18.8厘米

产　地：江西景德镇

收藏地：英国维多利亚和阿尔伯特博物馆（Victoria and Albert Museum）

入藏号：C.68-1954

　　敞口，深弧腹，圈足。此碗外以青花婴戏纹装饰为主，一组孩童在互帮洗澡，端水而来的小心翼翼，倒水冲凉的含笑调皮，正在洗澡的害羞捂脸，另一组两孩童席坐于地玩游戏，一孩童在试水温，人物形象头大身壮，后脑凸出，神态描绘生动可爱，充满童趣。以红、绿两彩饰松针、花叶点缀其间，雅致非常。碗内以五彩饰璎珞花朵纹，中心以青花饰桂树兔纹。青花发色蓝中泛紫，红彩极致，绿彩淡雅，是嘉靖朝五彩的典型器。

五彩鱼藻纹罐

年　代：明嘉靖
尺　寸：高23.2厘米
产　地：江西景德镇
收藏地：美国大都会艺术博物馆（Metropolitan Museum of Art）
入藏号：17.127.2

　　圆唇，短颈，丰肩，鼓腹下敛，圈足，底部以青花书"大明嘉靖年制"六字两行楷书款。罐通体以红、黄、绿及青花装饰，口沿用红彩饰如意云纹一周，肩部绘变形莲瓣纹一周，腹部绘莲池鱼藻纹，四条黄色鲤鱼姿态各异，活泼写实，荷花、莲蓬、水藻陪衬其间，营造出一种鱼戏水草怡然自得的氛围。近底处用五彩绘如意云头纹一周。

　　此罐是明嘉靖官窑五彩瓷器中的名品，形体高大规整，胎体厚重，色彩艳丽，构图疏密有致。所绘鲤鱼鳞鳍清晰，鱼尾摆动有力，线条刻画精细，不可多得。

大明嘉靖年製

172

五彩人物故事图盖罐

年　代：明嘉靖
尺　寸：高45.7厘米，腹径35.6厘米
产　地：江西景德镇
收藏地：英国维多利亚和阿尔伯特博物馆（Victoria and Albert Museum）
入藏号：C.998&A-1910

宝石红宝珠纹纽盖，圆唇，短颈，丰肩，鼓腹下敛，圈足。罐通体以红、黄、绿三色装饰,盖上开光,绘盘肠纹和缠枝莲纹,罐身描绘了一个高官家的日常生活一隅：家人、朋友、管家、随从、奴婢，或凝望，或交谈，或忙碌，或奔跑，个个神态自如，互不干扰；健马、壮羊、仙鹤，或嘶鸣，或求食，或理羽，逼真写实，甚为传神；芭蕉挺拔、竹叶青翠、假山灵秀、庭院雅致、场景繁而不乱。

此罐形制巨大、胎体厚重、釉面乳白、纹饰构图巧妙、描绘细腻精细、涂色精准、各种色彩深浅有度、实在是不可多得的一件精品。

五彩莲池鸳鸯纹缸

年　代：明隆庆

尺　寸：高37.8厘米，腹径55.2厘米

产　地：江西景德镇

收藏地：英国大维德基金会（Percival David Foundation of Chinese Art）

入藏号：PDF.778

　　厚唇口，深圆腹，浅圈足。釉面青白，釉质稀薄，胎体厚重，底无釉露胎，有修补底的痕迹。缸器身上以青花、红、绿、黄、黑、赭等色，交错绘出莲池鸳鸯纹。四只鸳鸯戏水于清波莲塘，莲花娇嫩，亭亭玉立，花苞初现，清灵娇怯，荷叶硕大，于风中翻卷成景，水草柔韧，伸展自如。纹饰色泽浓郁纯正，画工精细，线条流畅，富有动感。与明嘉靖鸳鸯纹相比，其脖颈明显伸长，躯体也不似前朝圆浑。

　　缸内口沿以青花书"大明隆庆年造"六字一行楷书款。

175

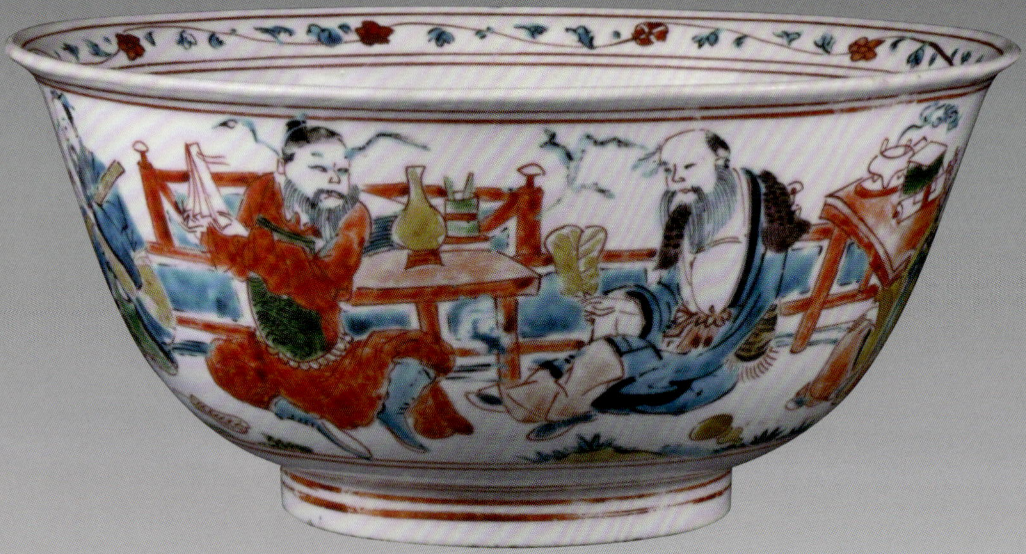

五彩八仙图碗

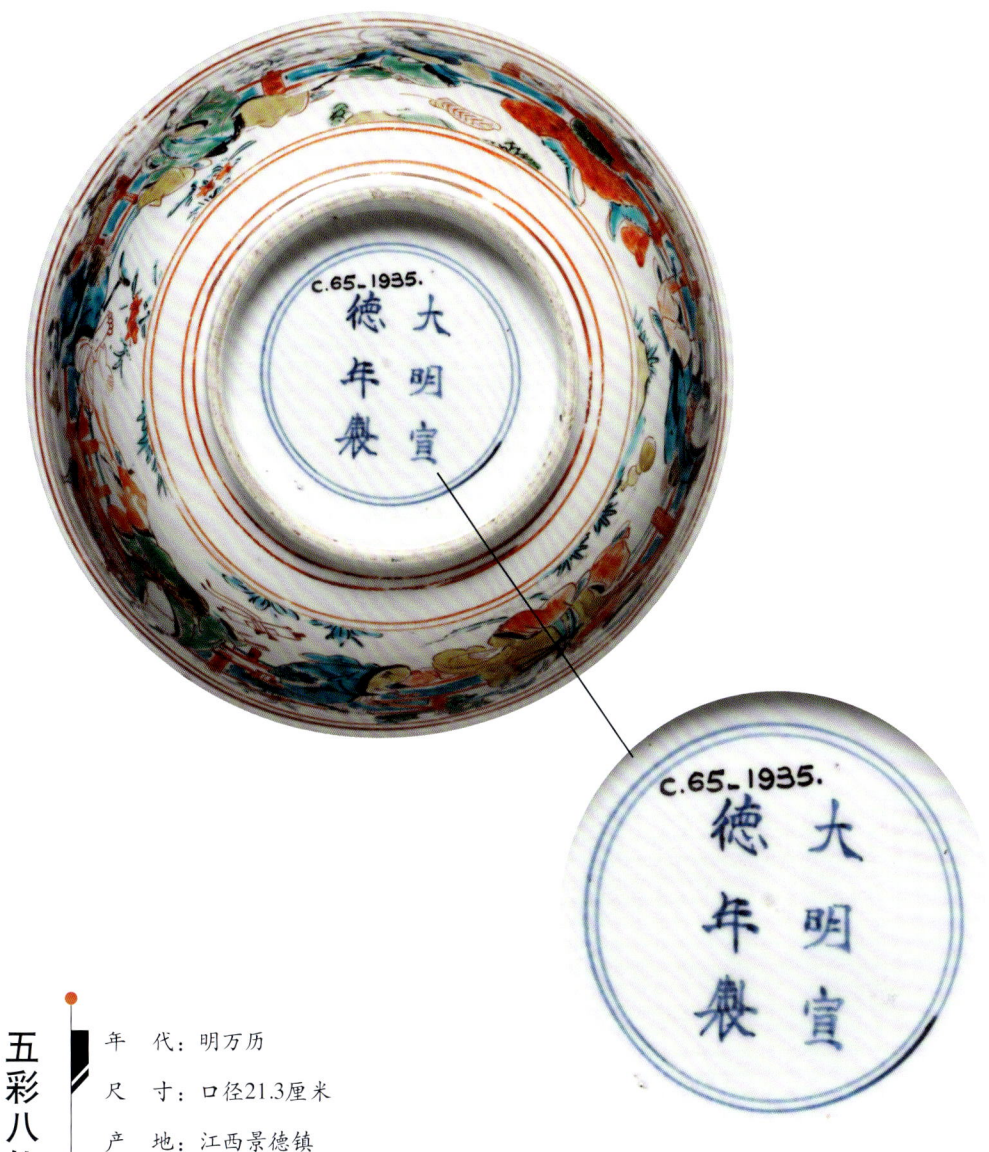

年　代：明万历
尺　寸：口径21.3厘米
产　地：江西景德镇
收藏地：英国维多利亚和阿尔伯特博物馆（Victoria and Albert Museum）
入藏号：C.65-1935

　　敞口外撇，深弧腹，圈足。釉面莹白，胎骨坚致细密，通体以五彩为饰，碗内口沿红彩弦纹内绘缠枝花卉纹，外口沿及足部饰红彩弦纹。碗腹主题纹饰为八仙纹，八仙是古代神话传说中的八位神仙，分别是李铁拐、钟汉离、张果老、何仙姑、蓝采和、吕洞宾、曹国舅、韩湘子。各位神仙手持自己的代表之物，两两相对，围坐一周。博古纹和花草纹点缀其间，好一派悠闲时光。碗底以青花书"大明宣德年制"六字两行双圈楷仿款。

　　此碗五彩呈色柔和淡雅，注重人物衣纹细节，是万历官窑五彩瓷中的精品之作。

五彩缠枝花卉纹碗

年　代：明万历
尺　寸：高6.5厘米，口径14.8厘米，底径5.8厘米
产　地：江西景德镇
收藏地：荷兰国立博物馆（Rijks Museum）

入藏号：AK-RBK-1956-2

　　敞口外撇，深弧腹，圈足。碗内光素，外口沿与足底以青花饰弦纹，腹以青花、绿、黄、黑、赭诸彩绘缠枝花卉纹，花瓣以赭彩勾边，填以杏黄，突显了花卉的秀气和娇嫩，枝叶以黑彩勾边绘脉，填以淡绿，中再夹杂几片青花绘就的叶片，在缠枝的藤蔓中，显得那么的富有生机和情趣。此碗釉质致密，胎骨轻薄，釉白如玉，釉汁均匀且有光泽，青花发色纯正，五彩呈色优雅，绝对是一件万历时期的精品之作。

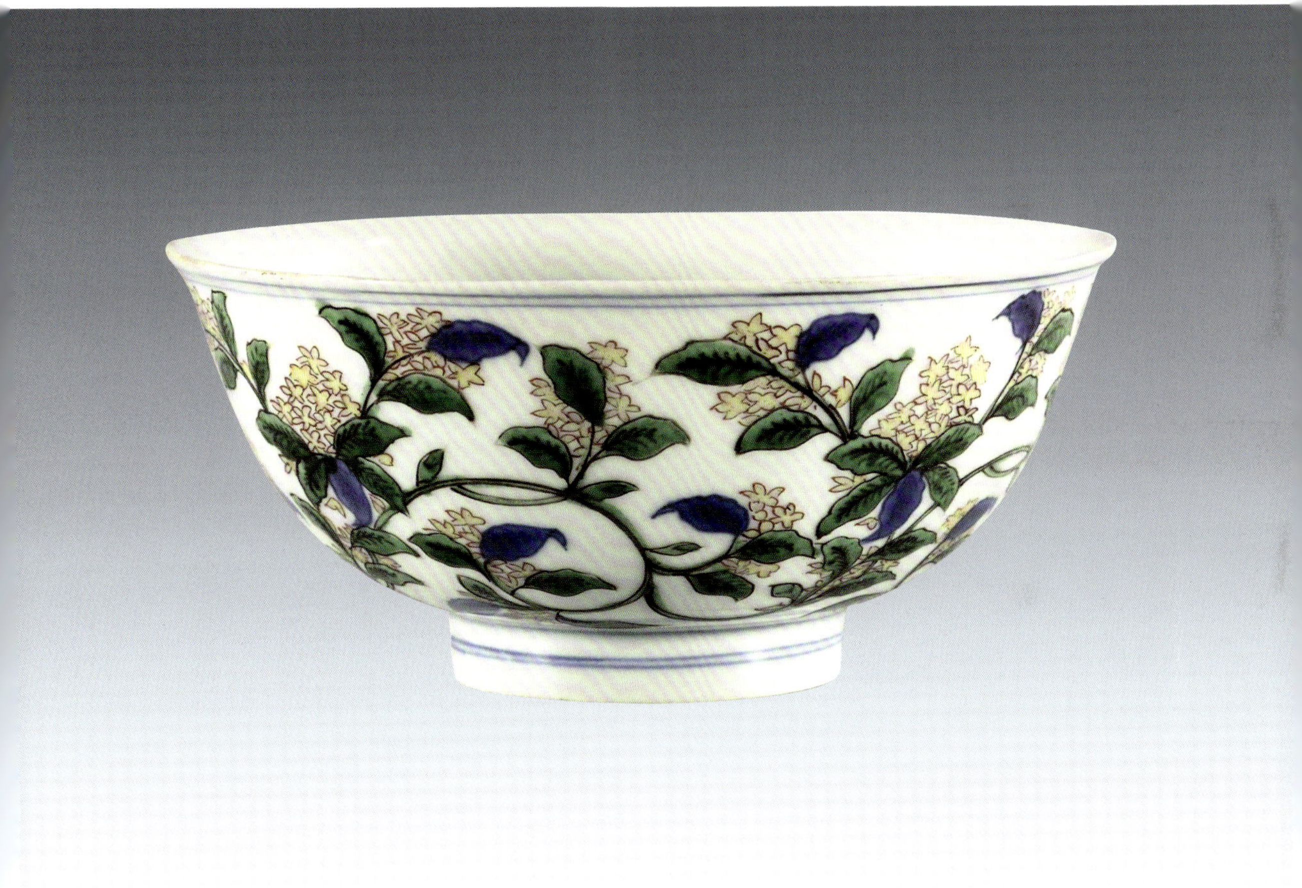

锦地开光五彩龙纹大盘

年　代：明万历
尺　寸：高3.2厘米，口径19厘米
产　地：江西景德镇
收藏地：英国大英博物馆（British Museum）

入藏号：Franks.857

　　敞口，折沿，浅弧壁，圈足。盘口釉酱釉，内以五彩为饰，红彩绘锦地纹开光，内壁开光内以逆时针书"万历年制"四字红彩楷书款，中心开光呈十字如意宝杵形，内以五彩绘五条正面云龙纹，绘工虽精，但此时的龙已失去明中期时的凶猛和威严之势，给人一种无力之感。此盘形制硕大，纹饰缜密繁复，呈色类如同时代的剔红漆器，工巧华丽，气势磅礴。传世之品中，非常少见。

181

五彩花卉饲雏图盘

年　代：明天启
尺　寸：口径20.6厘米
产　地：江西景德镇
收藏地：英国维多利亚和阿尔伯特博物馆（Victoria and Albert Museum）

入藏号：C.119-1929

敞口，浅圆腹，平底。通体施白釉，釉面光洁，胎质细腻。盘口施酱釉，内壁以红、黄、绿、黑、蓝、赫、褐等彩绘纹饰。山石中一朵硕大翻卷的鸡冠花迎风而展，枝叶交错排列，脉络清晰；两支细竹亭立于旁，尖叶青翠，充满活力；花竹下，一只母鸡带着五只小鸡戏耍，一只小虫引起了两只小鸡的争抢，其激烈程度让母鸡有些担心，最小的那只小黑鸡也受到了惊吓，剩下两只小鸡则充满好奇地望着这一切，跳在母鸡背上的小鸡只专心地盯着花竹，丝毫没有受到周围事物的影响。这方圆之地的勃勃生机，甚至还吸引来了漂亮的蝴蝶和蜻蜓。

在传统的瓷器纹饰中，鸡冠花与雄鸡搭配在一起，寓意"官上加官"。此盘纹饰勾画细腻生动，色彩艳丽明快，浓淡分明，层次清晰，完美展示了天启朝五彩瓷的成熟技艺。

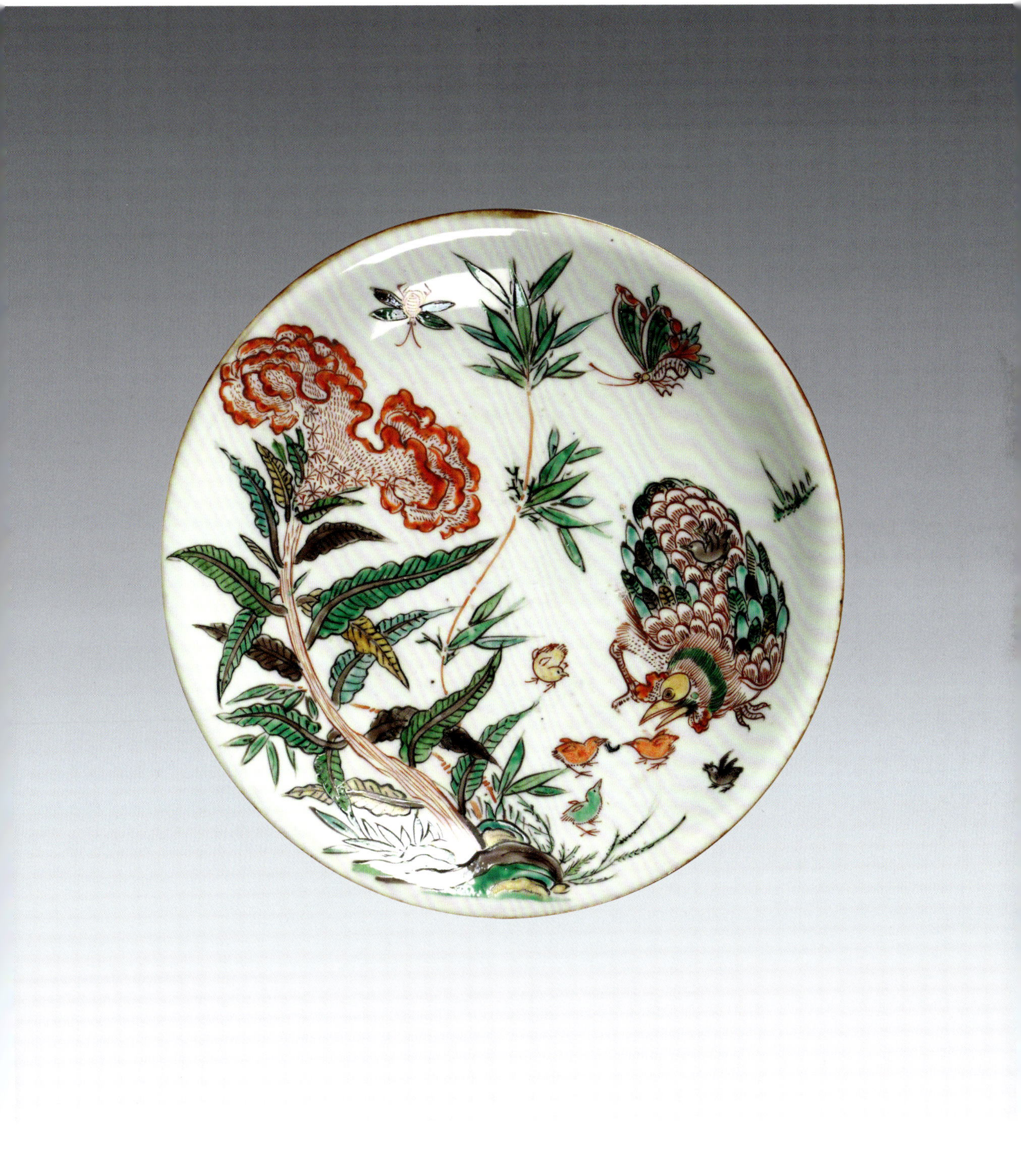

五彩梅竹翠鸟图竹节壶

年　代：明天启

尺　寸：高14.2厘米

产　地：江西景德镇

收藏地：英国大维德基金会（Percival David Foundation of Chinese Art）

入藏号：PDF, B.714

竹节形系盖，深腹，短流，弯执，圈足微撇。壶身以五彩绘梅竹翠鸟图，短流和弯执也巧妙地装饰成竹节状。红彩点梅、青花和绿彩点竹、赭彩表现遒劲的树身，繁红落地引来翠鸟探望，三两散落的山石，随意悠闲的流云，在有限的空间内工匠们用自己的巧思和高超技艺描出了堪比中国国画的意韵，实属精妙。

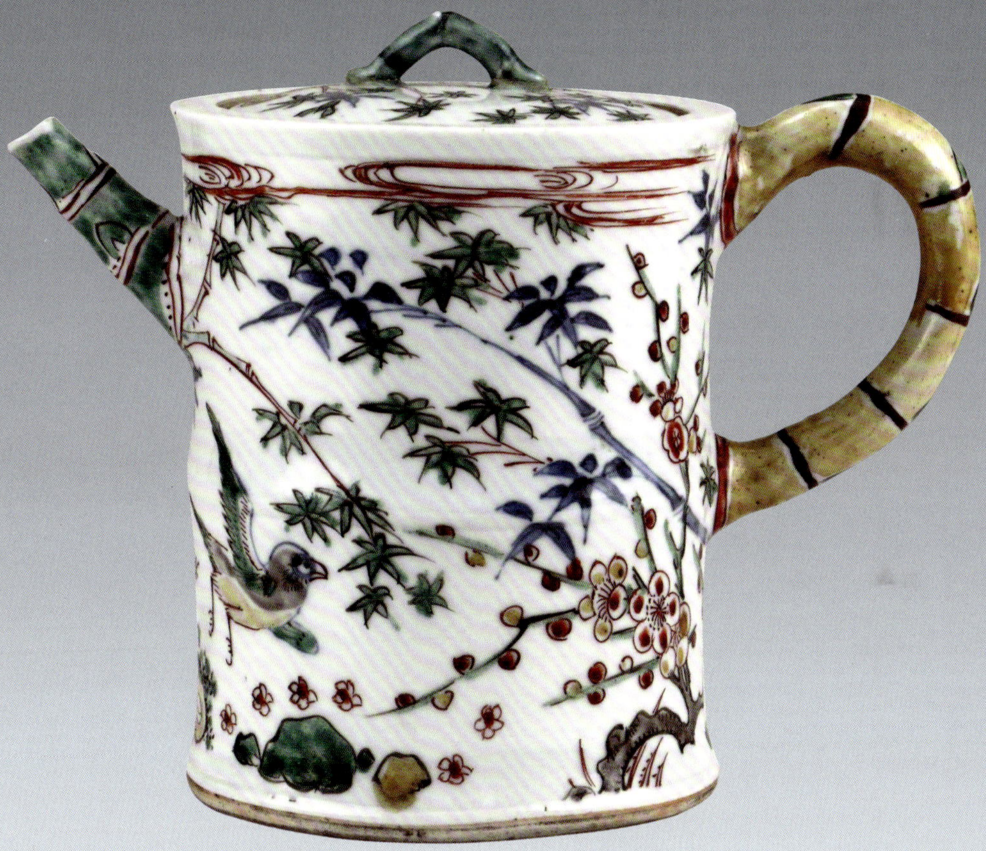

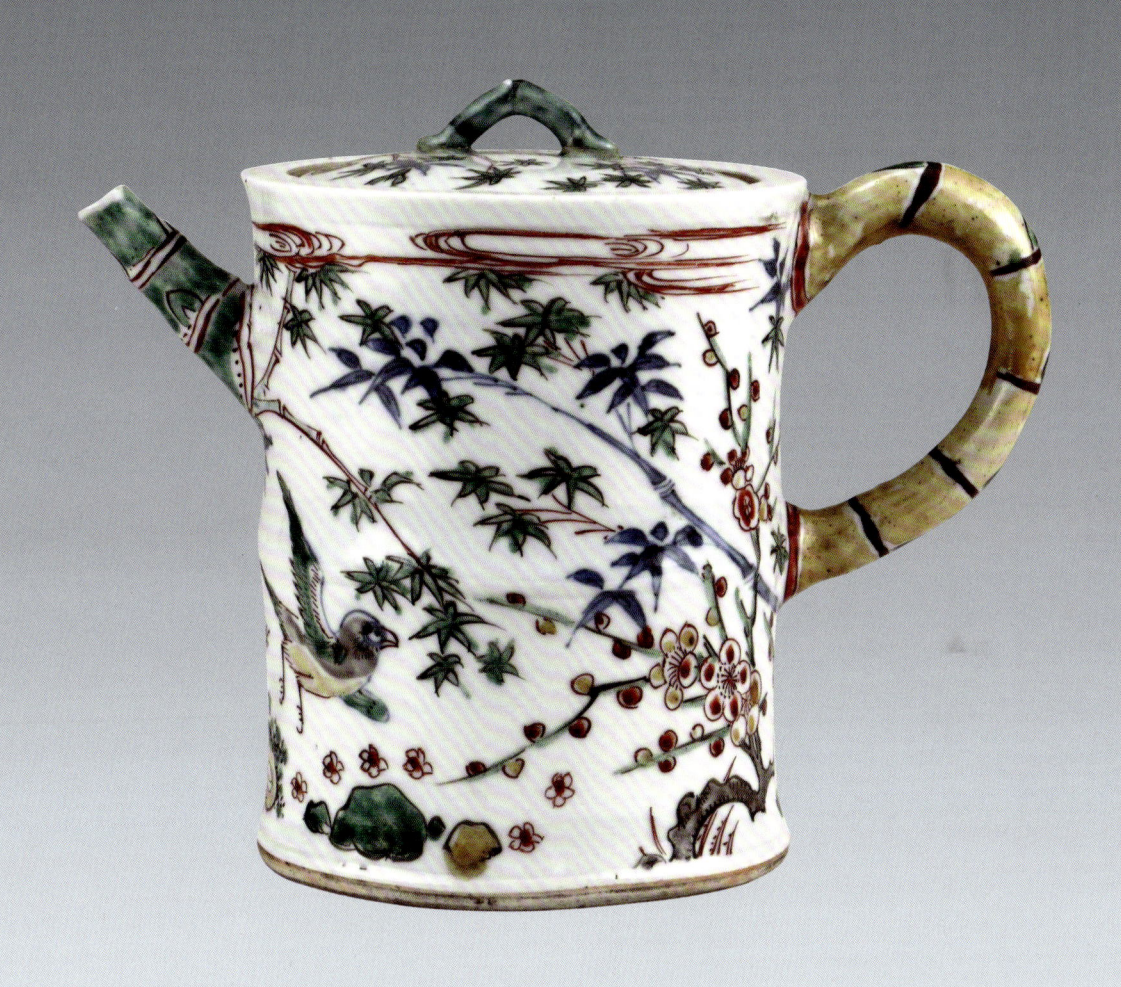

五彩沥粉翼龙纹葫芦瓶

年　代：明天启

尺　寸：高22.9厘米，腹径12.7厘米

产　地：江西景德镇

收藏地：英国维多利亚和阿尔伯特博物馆（Victoria and Albert Museum）

入藏号：C.1019-1910

  葫芦形，上小下大，直口，长颈，束腰，浅圈足。通体采用沥粉工艺，五彩装饰。瓶颈起棱三道，棱内沥粉装饰蕉叶纹，下接三层如意云头纹，花枝肆意张扬的缠枝花卉纹紧随其后。束腰处装饰以双层单瓣莲纹，莲纹下绘连续的折枝花卉纹，一圈如意朵云纹隔后，是形象奇特的翼龙海水纹：翼龙头上顶发，颌下飘鬣，张大口，上唇长、下唇短，身披鳞纹，鸟形翼飞展，龙足淡化处理如鱼鳍，鱼形分枝尾，身下海水波涛翻卷。其中，龙首、龙翼及龙足、龙尾处加金彩装饰，突显了龙的威严。整器富丽堂皇，纹饰繁而不乱，色彩艳丽，是天启五彩瓷难得一见的精品。

187

哥釉五彩花卉纹梅瓶

年　代：明天启

尺　寸：高42厘米

产　地：江西景德镇

收藏地：英国大英博物馆（British Museum）

入藏号：Franks.677.+

　　小口，短直颈，丰肩下敛，圈足外侈。通体仿哥窑釉面，遍布大小细密的开片，纹路呈深灰色，釉色米黄，釉面肥厚。纹饰以青花、蓝、绿、黄、赭、黑等彩绘牡丹、莲花、菊花、茶花等四季花卉纹，均以黑彩勾边，填以诸彩，手法细腻，自然写实。落"成化年制"四字双框青花仿款。

　　哥窑为宋五大名窑之一，因其名贵，后世仿烧不断。明宣德以后的景德镇仿哥窑瓷器主要仿其釉色和开片，落款、造型、土质均与传世哥窑器多有不同。

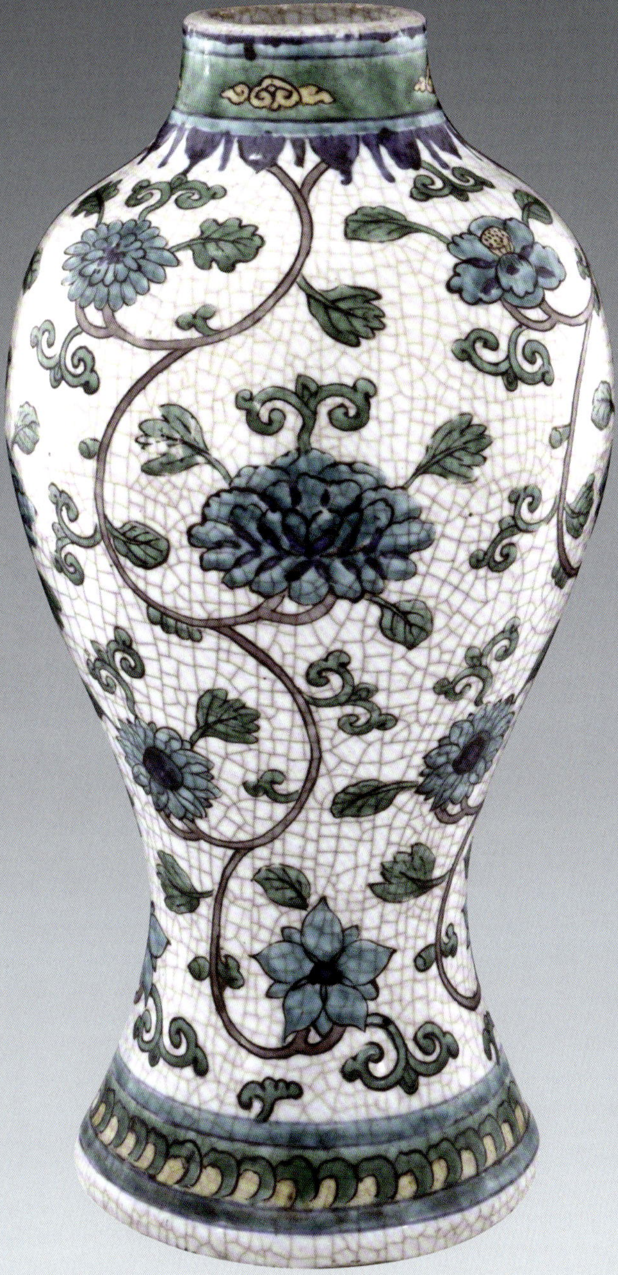

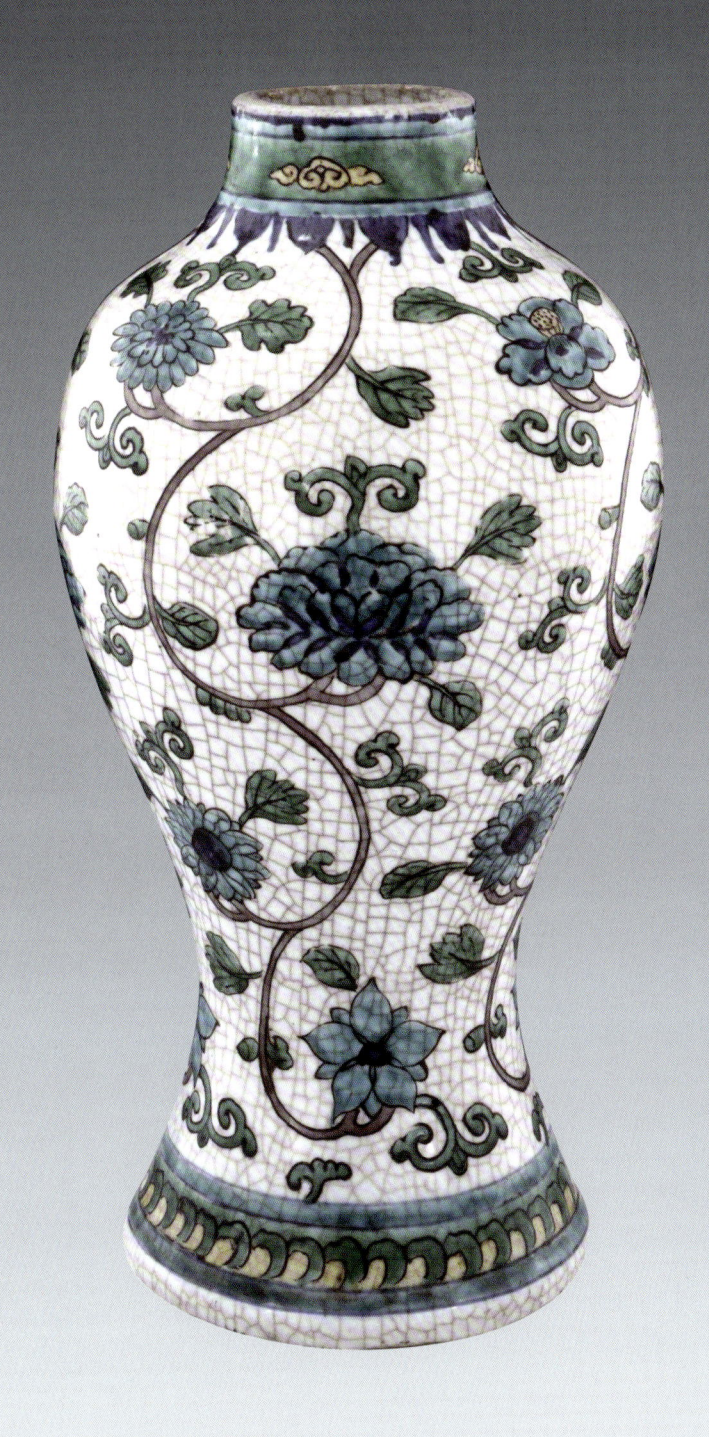

五彩花卉纹碗

年　代：明崇祯

尺　寸：高8.9厘米，口径16.5厘米

产　地：江西景德镇

收藏地：英国维多利亚和阿尔伯特博物馆（Victoria and Albert Museum）

入藏号：C.102-1913

敞口，深腹，圈足。碗内外以红、黄、绿、赫、黑五色为饰，釉面光洁，但胎质不够精细，有黑点杂质。碗壁饰两朵相对的如意云头纹，碗心饰一折枝花朵纹，枝叶蔓伸至碗壁，引来几只蝴蝶翩舞。碗外壁连枝菊花、牡丹怒放，翠竹亭立，花叶迎风微卷，令人心旷神怡。所有纹饰均以黑彩勾边，再以黄、赫、绿色填充，在洁白的瓷面上，组合成一幅淡雅、舒适的图案，是明崇祯年间不可多得的一件五彩瓷珍品。

五彩牧牛图盘

年　代：明崇祯
尺　寸：口径21厘米
产　地：江西景德镇
收藏地：英国大英博物馆（British Museum）
入藏号：1962,0424.2

敞口，浅弧腹，圈足。胎质坚实，釉面洁白，有爆釉现象。盘外光素，仅在底部以青花书"大明成化年制"六字楷仿款。盘内以五彩饰一童子牧牛图，远山梅花争放，苍石静伏，近处劲松挺拔，松针如盖，灵芝亭立，长草迎风，一牧童双腿跪坐在牛背上，一手拉缰，一手扬鞭遥指，水牛抬首遥望，双目有神，似在与主人回应。整器色彩淡雅，形象生动，很好地描绘了一派田园风光，当为文人画装饰的典范之作。

德化窑五彩花浇

年　代：明崇祯

尺　寸：高8.89厘米

产　地：福建德化窑

收藏地：英国维多利亚和阿尔伯特博物馆（Victoria and Albert Museum）

入藏号：C.97-1956

　　圆口，短颈，收肩，鼓腹，弯执，圈足。此器物专用于浇花。浇内素白，浇外以红、蓝、绿三种颜色彩绘，色彩柔和，蓝、绿图案有凸出感。整器以方格纹铺底，饰以金彩，颈部和腹部开光，内饰渔家乐纹，远山峻俏，近水空濛，或泛舟垂钓，或守坐岸边，杨柳依依，水草轻荡，景物远近有致，笔法刚劲细腻。

　　德化白瓷质地洁白，胎骨洁白细腻、坚实致密，釉色温润，剔透光滑，德化瓷工在设计、制作五彩瓷时，为突显白瓷的魅力，在图案装饰时保留了较大的白地空间。这一特点，在这件彩瓷中得到了较好的体现，装饰的花纹与温润光滑的白地相映成趣，更增加了整器的温润莹泽效果。此花浇是福建外销瓷器的代表。

193

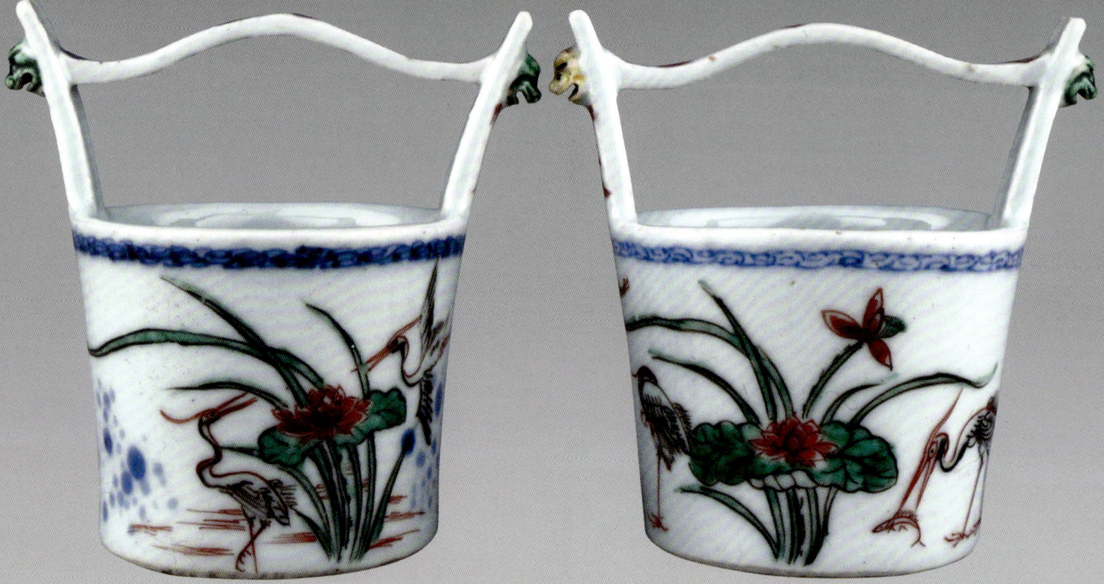

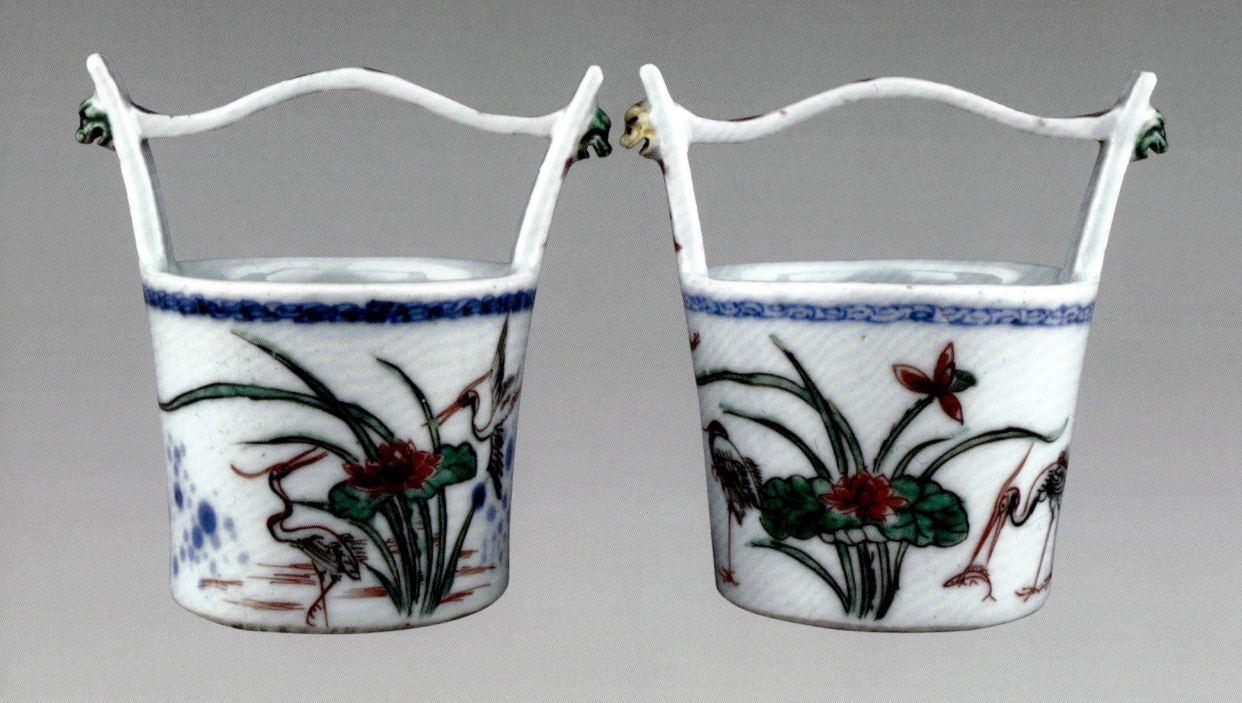

五彩 『一路连科』 提梁水丞（一对）

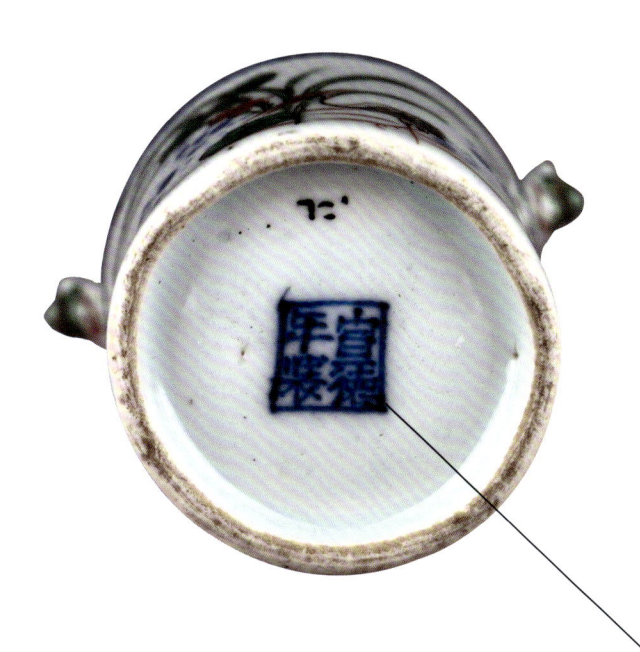

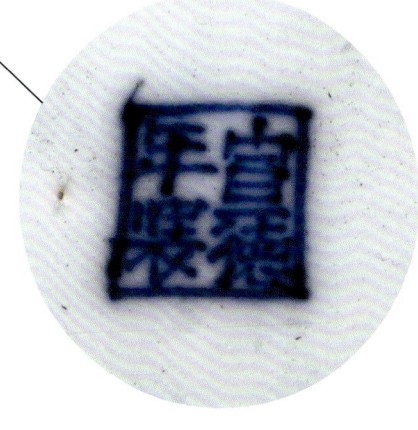

- 年　代：明崇祯
- 尺　寸：高8.8厘米，口径9厘米
- 产　地：江西景德镇
- 收藏地：英国大维德基金会（Percival David Foundation of Chinese Art）
- 入藏号：PDF.706

　　敞口，圆筒腹，兽头弯形提梁，圈足。器型小巧，釉面青白，釉质肥厚，底部无釉露胎，内以青花书伪托"宣德年制"四字两行单框楷仿款。水丞内光素无纹，口沿外以青花绘云纹一周，腹以五彩绘"一路连科"纹，鹭鸶与莲花组合在一起，以"鹭"与"路"谐音，"莲"与"连"谐音，来祝愿士子们科举顺利，仕途通达。

　　水丞是一种文房用具，用来盛装磨墨用的水，除实用意义外，更多的是供观赏陈设。它供置于书斋的案几之上，与砚田相伴，与文人相对，因此装饰图案多符合文人雅士们的心理愿望和审美情趣。

素三彩

素三彩达摩像

年　代：明成化

尺　寸：高132厘米

产　地：未知

收藏地：英国维多利亚和阿尔伯特博物馆（Victoria and Albert Museum）

入藏号：C.110-1937

　　达摩是中国禅宗的始祖，被尊称为"东土第一代祖师""达摩祖师"，于南朝梁武帝时航海到广州，与梁武帝面谈不契后一苇渡江，北上洛阳，在嵩山少林寺面壁九年，传衣钵于慧可后游化终身。此达摩像着绿色僧袍，双手交叉放于袖内，盘腿坐在一个三层的莲花基座上。闭着眼睛，眉头紧锁，面容严肃，似在参禅悟道。靠右边的台基上有"成化二十年，信徒党闫(音译)和麦夫人(音译)，弟子道济，工匠刘镇（音译）"字样。表明这件三彩达摩像是佛教高僧道济（济公）募化而来的。

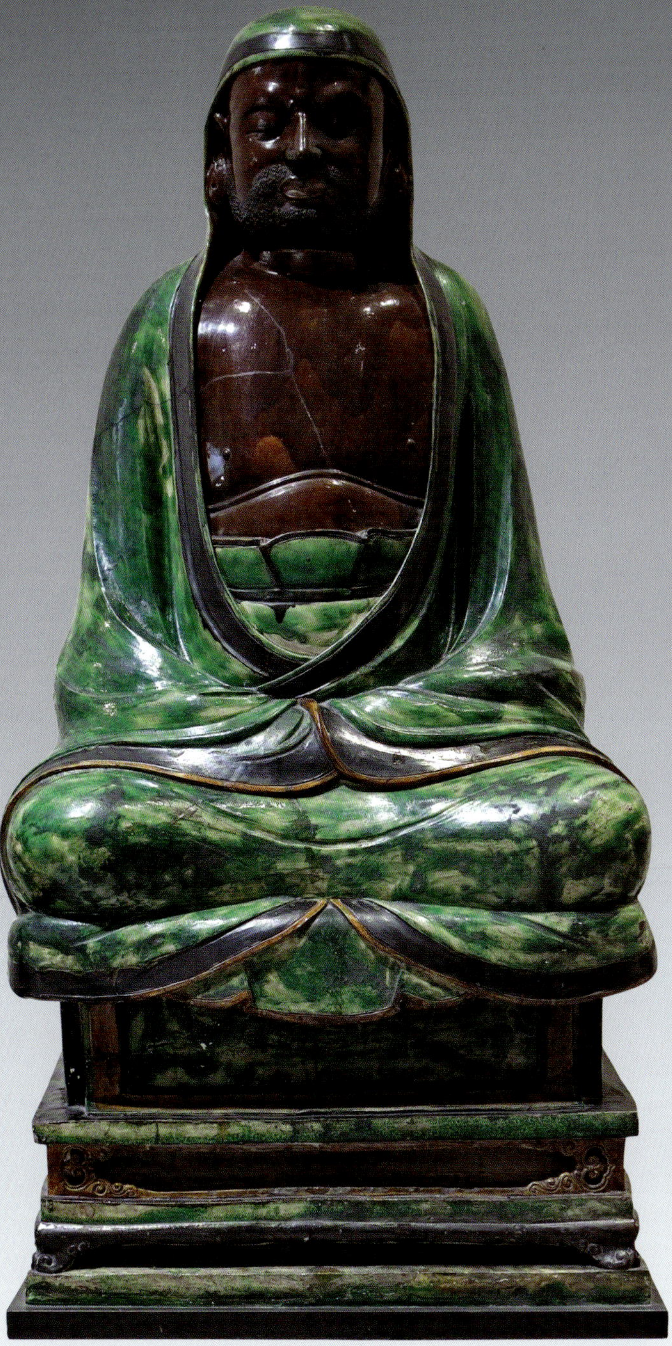

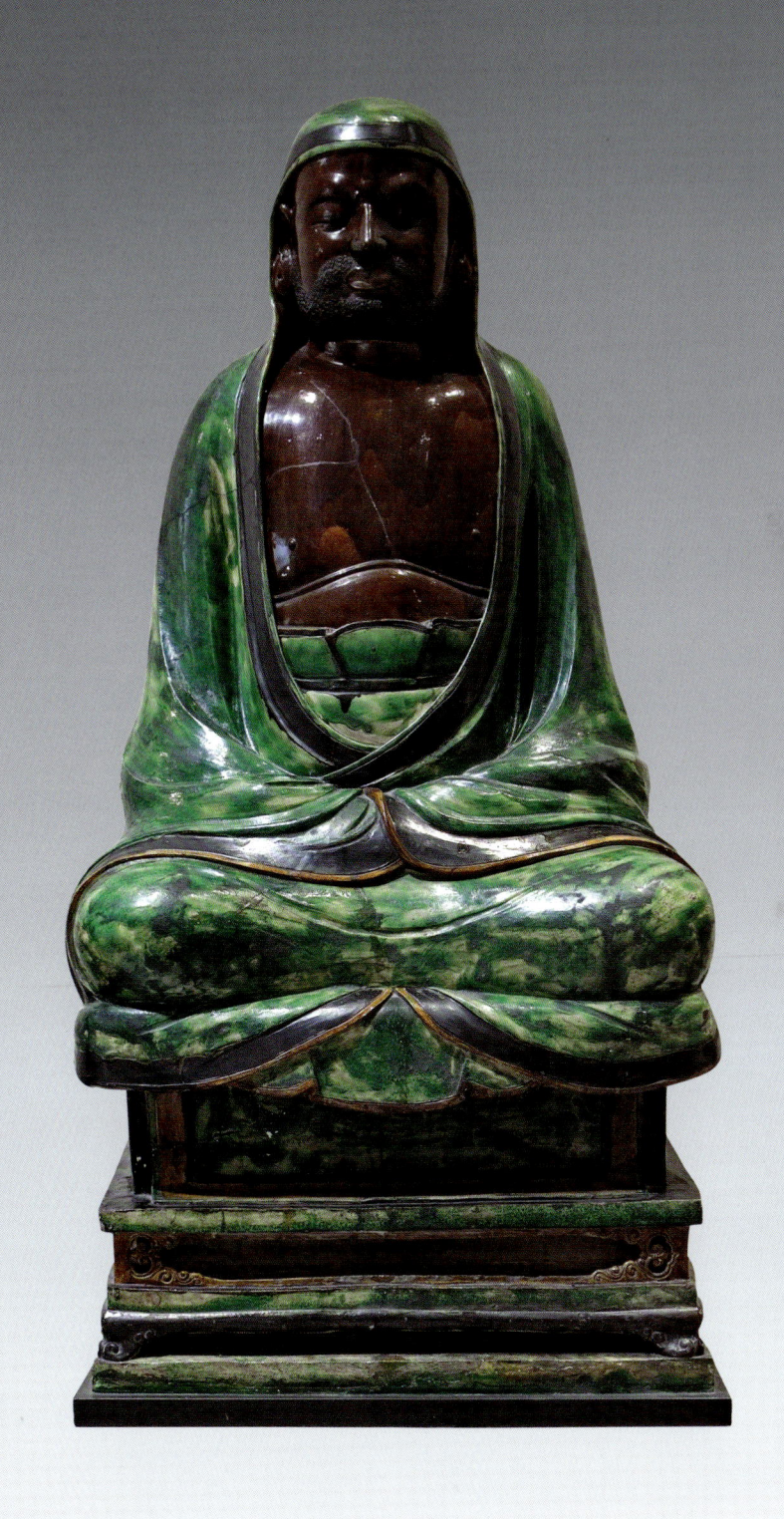

乔彬造素三彩赵公明像

年　代：	明成化
尺　寸：	高60.3厘米
产　地：	山西阳城
收藏地：	美国大都会艺术博物馆（Metropolitan Museum of Art）

入藏号：1971.163

赵公明，道教四大元帅之一，也是民间传说中主管财源的神明。此赵公明像绿袍黄裳，头戴宝冠，面黑无须，坐于台基之上，气度雍容，不怒自威。与后世传说中的"黑面浓须，头戴铁冠，手执铁鞭，坐骑黑虎"大相径庭。台基背面浮雕有"天坛山霍师堂全真道人李道明发心财舍造三官一堂、关赵一堂、本堂全真。大明成化十七年，山西泽州阳城县在城待诏乔赟男乔彬"等53字，下方框内有"崔王、崔田"字样。

晋城阳城县乔氏为琉璃世家，唐代由陕西迁至高平，经宋、元两代，于明朝辗转到达阳城，专门从事黑、绿瓷器和琉璃的生产，远近闻名，人称乔氏琉璃，在当时口碑极好。

天塔山霍[山]堂
金真道人李才育明
慈捨財造□
三官堂 建
閒□堂 □
本堂金真 □
大明化□年□
兗澤州陽城縣□□
□□

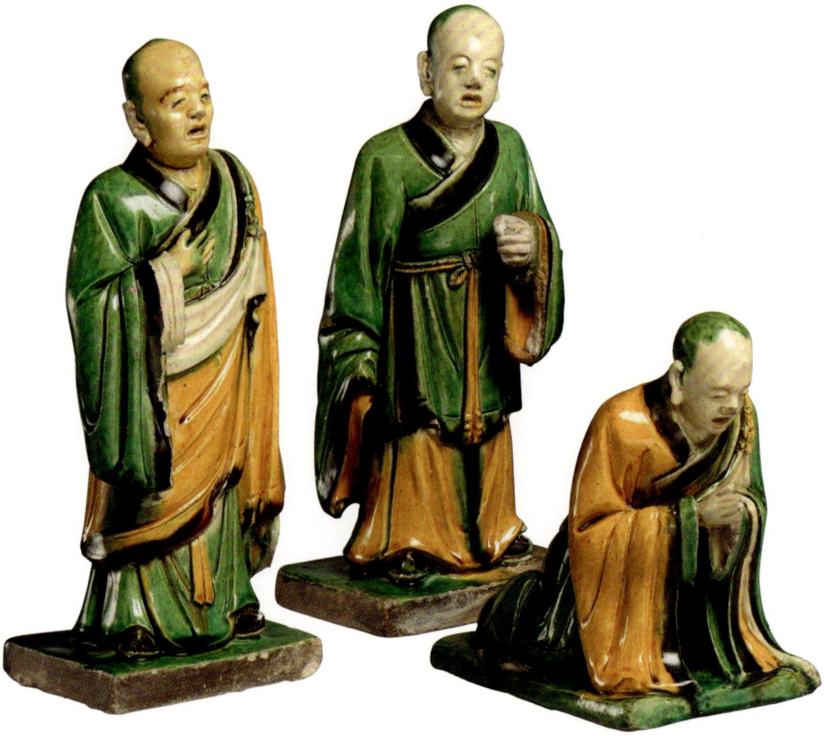

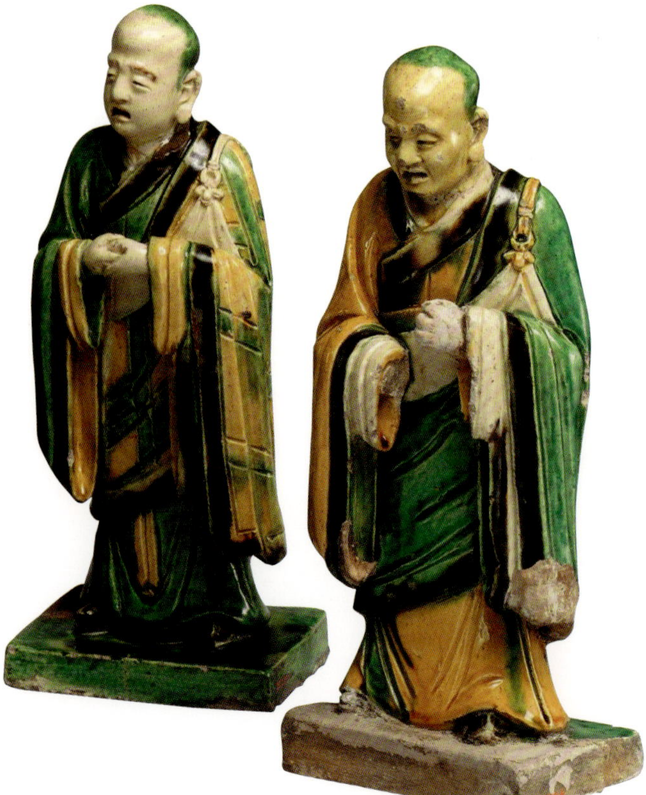

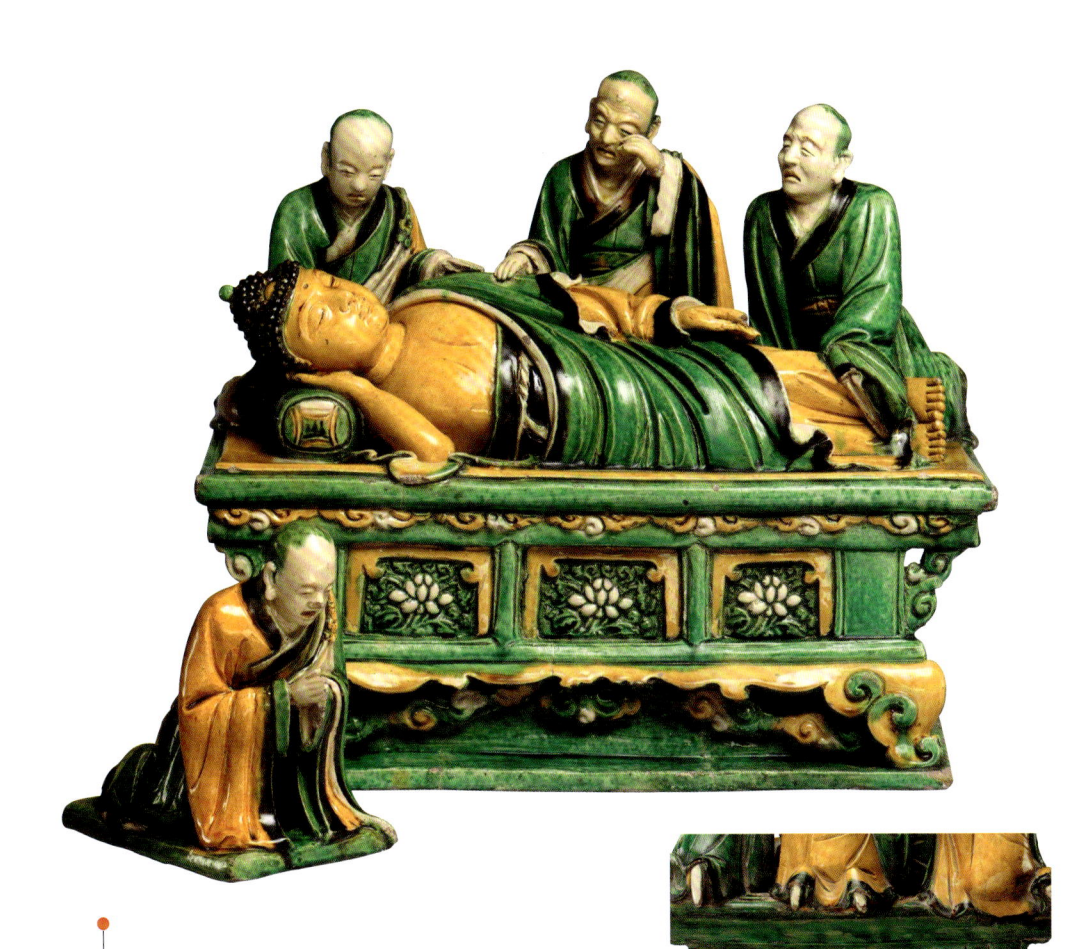

乔彬造素三彩佛陀涅槃及弟子群像一组

| 年　代：明弘治
| 尺　寸：高35.6厘米，长43.5厘米，宽22.9厘米
| 产　地：山西阳城
| 收藏地：美国大都会艺术博物馆（Metropolitan Museum of Art）
| 入藏号：25.227.1

　　此像再现了2500多年前佛陀涅槃时的场景，佛陀向右侧卧于床上，双目轻闭，面容安详。八大弟子（舍利弗尊者和目犍连尊者已经去世，大迦叶尊者尚在途中）或跪在身边，或侧立一旁，或抹泪，或握拳，或扶胸，或合十，个个神态悲戚，不能自已。此组群像采用了明弘治时素三彩所常用的凹刻、堆塑填彩法，黄色娇艳，绿色明亮，紫色穆静。

　　雕瓷的底座署有"大明弘治十六年，盘亭山西岩禅僧惠恭发心造睡佛一尊、释迦佛一尊、弥肋（勒）佛一尊、地藏佛一尊、观音一尊、十大高僧"等46字。明代素三彩存世量较少，素三彩人物雕瓷更为稀有，而如此多的素三彩人物群雕组像更是难得一见，是明代素三彩唯一存世保留完好的人物群雕组像。实属明代文物中珍品中的珍品，是当之无愧的国宝。

201

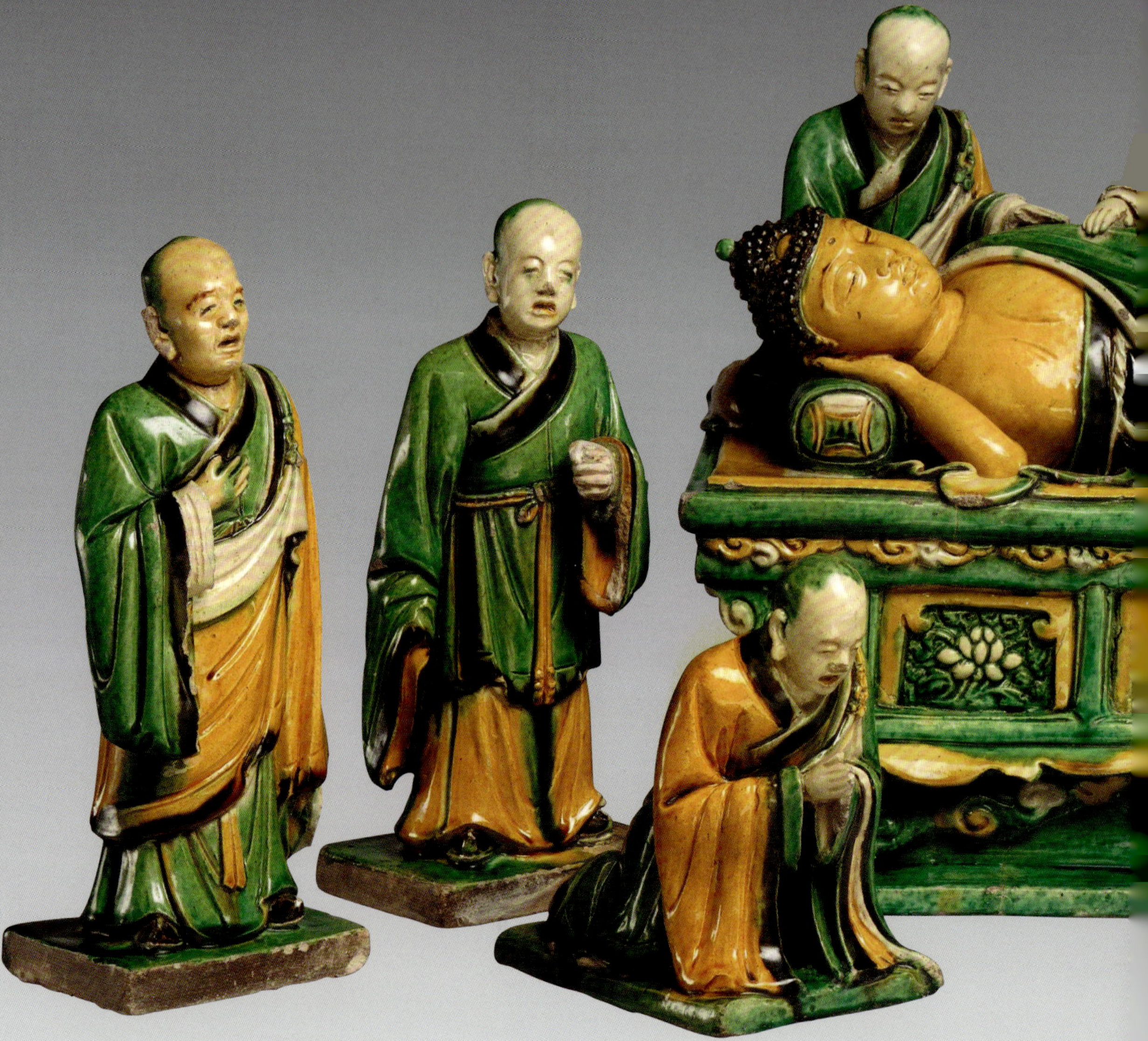

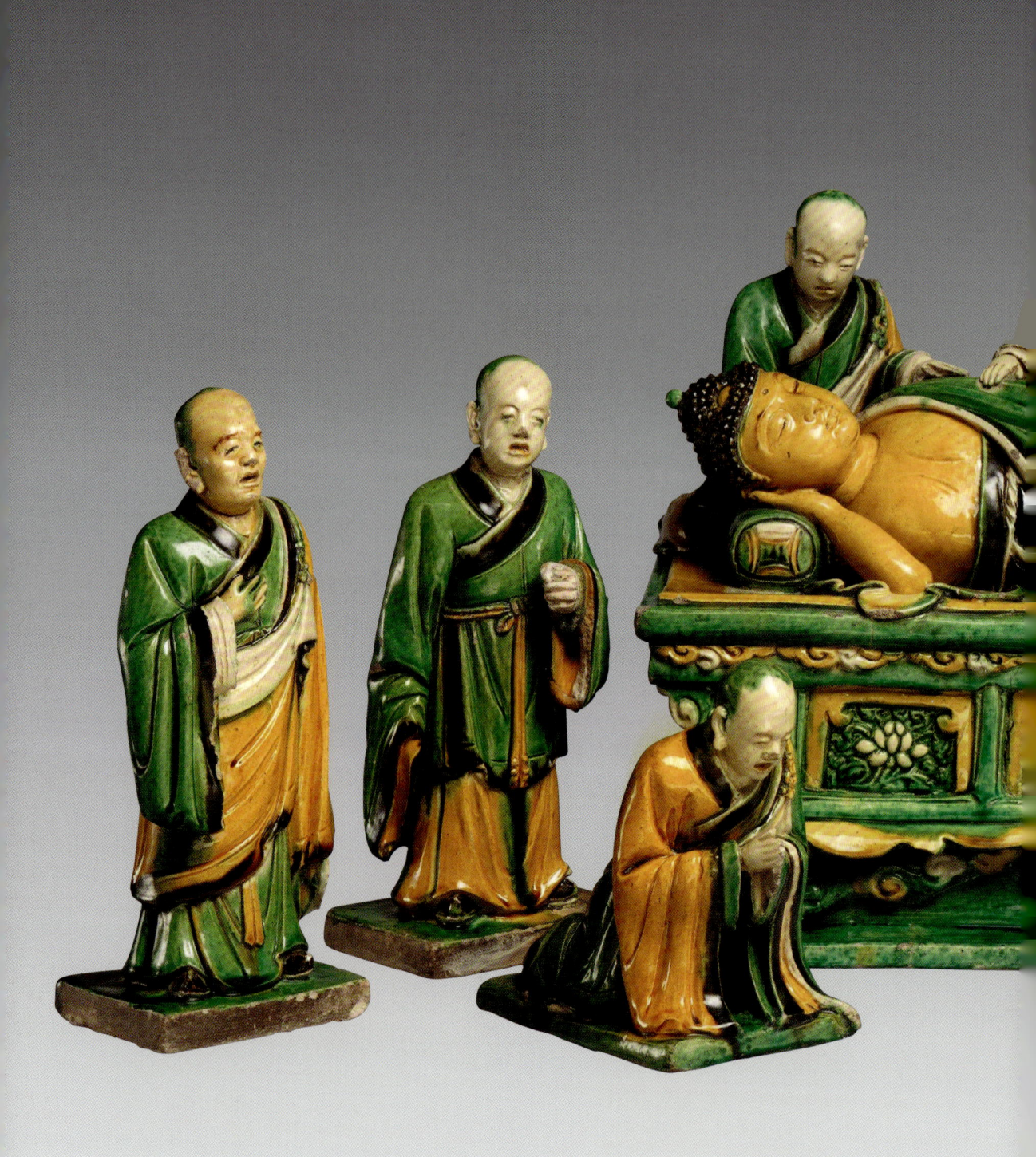

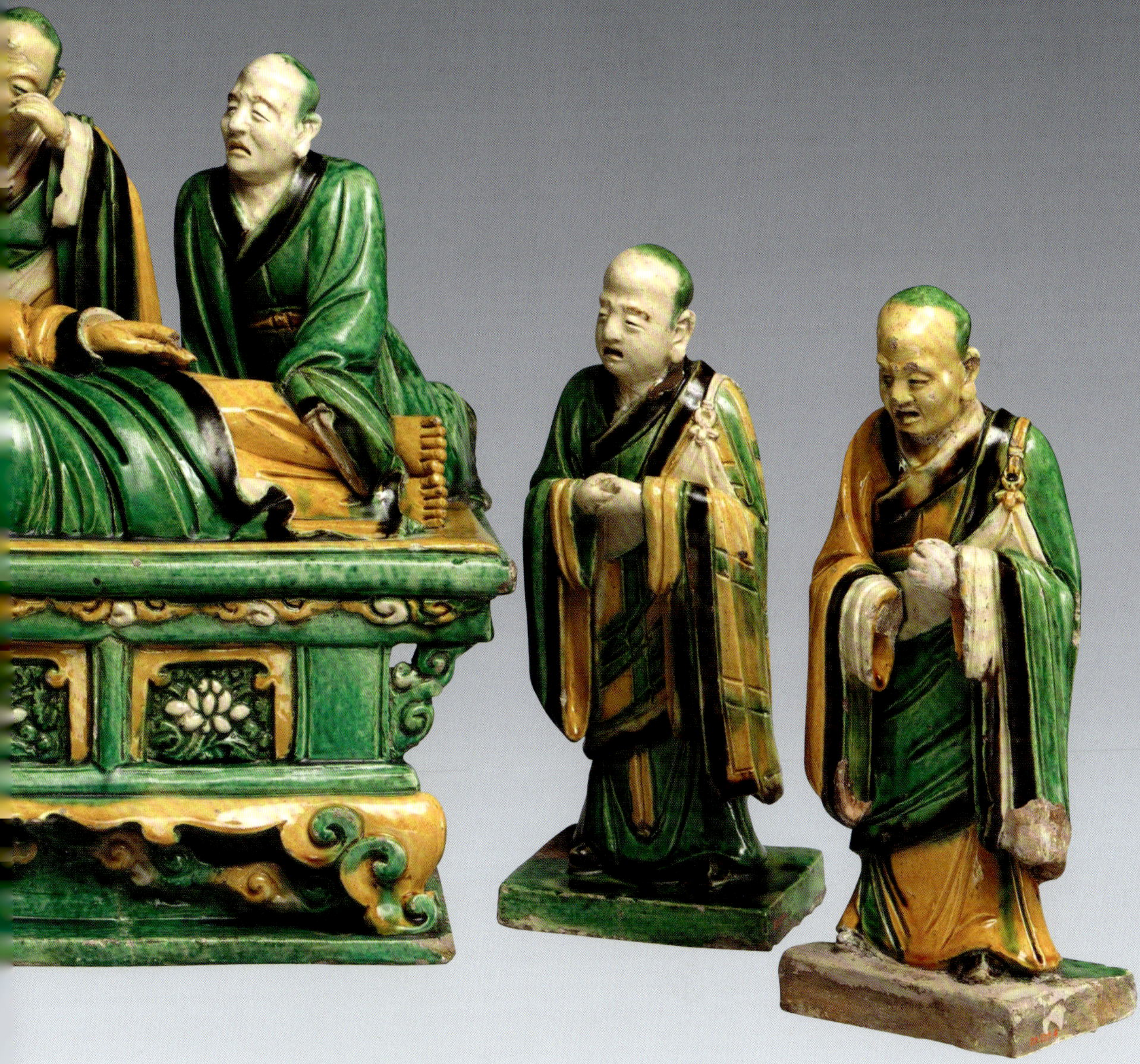

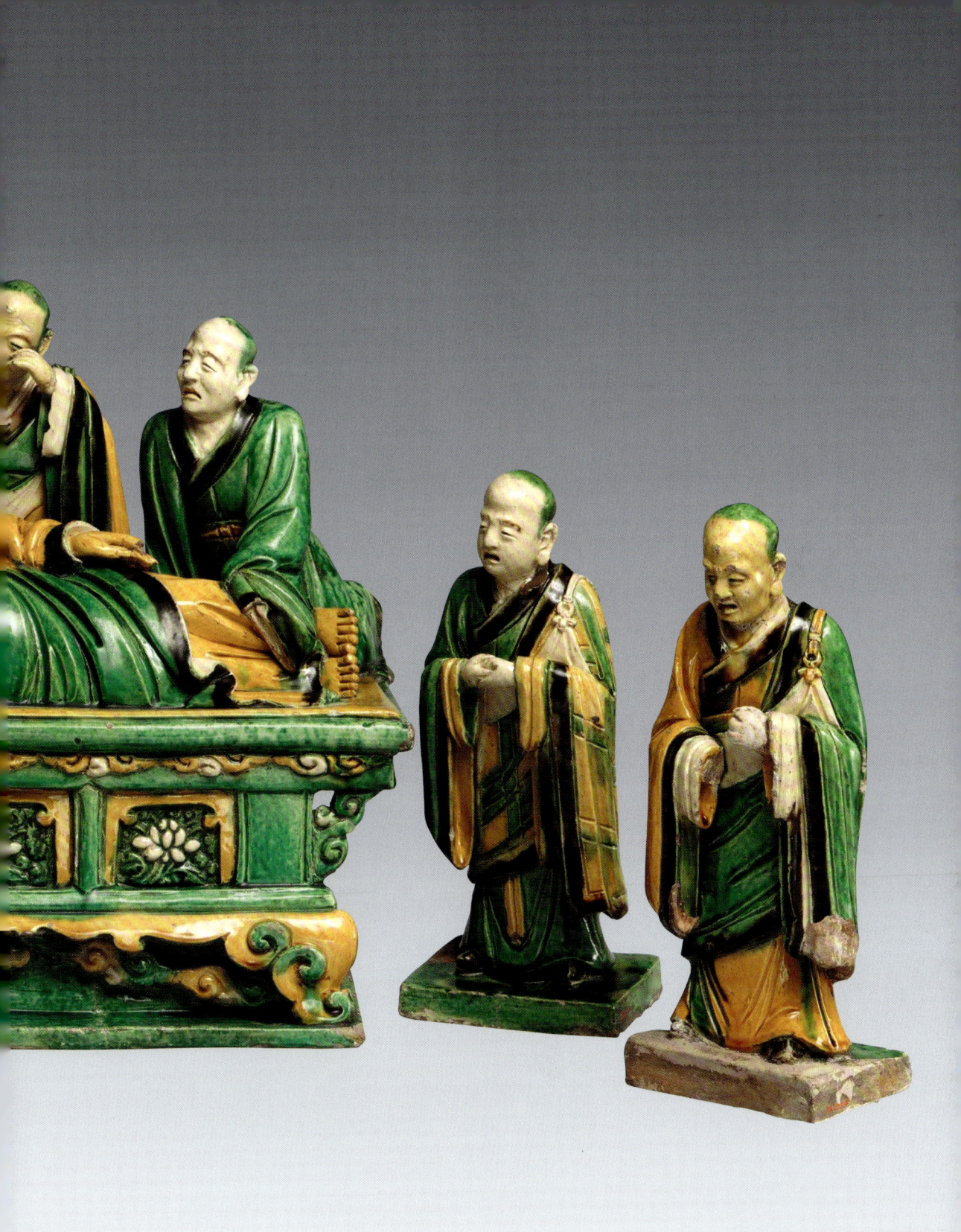

素三彩如意云纹六方花盆

年　　代：明正德
尺　　寸：高17.1厘米，腹径18.4厘米
产　　地：江西景德镇
收 藏 地：英国维多利亚和阿尔伯特博物馆（Victoria and Albert Museum）
入 藏 号：C.274-1910

敞口，八角形折沿和短粗颈，圆鼓腹，圈足，器底有供排水的小孔，盆托遗失。花盆里外釉，内光素无纹，折沿处饰茄紫，颈以黄彩为地，上刻绘如意朵云点珠纹，绿松石穿插点缀云头和圆珠，以茄紫书"正德年制"四字一行双框楷书款。腹部以绿彩为地，上以黄、黑、茄紫绘如意云纹和灵芝云纹，下腹部黄色宝珠纹下是双层莲瓣纹。色彩明艳，器型规整，制作精制。

素三彩紫地卷草纹长方水仙盆

年　代：明正德

尺　寸：高7.9厘米，口径24.3厘米

产　地：江西景德镇

收藏地：英国大维德基金会（Percival David Foundation of Chinese Art）

入藏号：PDF.721

长方体，敞口，深腹，下承六足。盆内及外底均施白釉，釉面白中泛青。外壁素三彩装饰，口饰黄釉，外沿阴刻弦纹饰以绿彩。腹部以紫色为地，上用绿彩绘卷草纹。口沿下青花书"正德年制"四字一行双框楷书款，在紫色地上已呈黑色。

素三彩在明正德时享有盛誉。此水仙盆造型别致，纹饰简单大方，色调清新明快，给人以古朴雅致之美感。

素三彩盆花纹碗

年　代：明嘉靖
尺　寸：高8.6厘米，口径20厘米
产　地：江西景德镇
收藏地：英国维多利亚和阿尔伯特博物馆（Victoria and Albert Museum）
入藏号：C.1010-1910

　　侈口，斜弧壁，垂腹，圈足。底部以青花书"大明嘉靖年制"六字两行双圈楷书款。碗内外通体以绿色和白色仿"百极碎"满绘为地，再以茄皮紫、黄色和绿色绘成盆栽的牡丹花和梅花枝。釉面灰白，胎体厚重，色彩沉稳而淳厚，清新素雅，为嘉靖朝三彩瓷的精品。

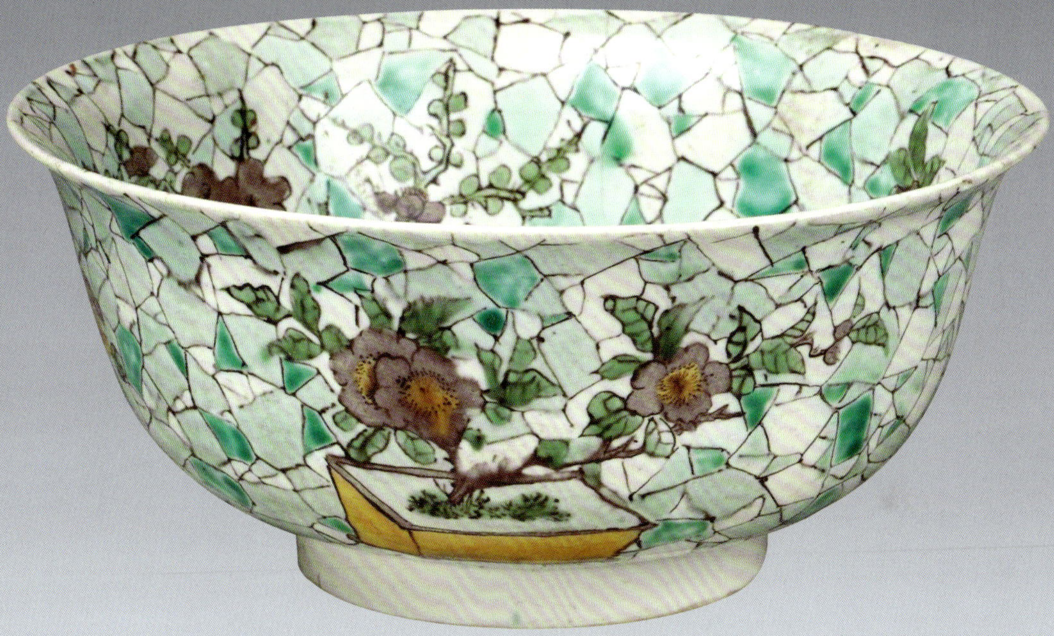

素三彩云龙纹方斗碗

年　代：明嘉靖

尺　寸：高7厘米，口径12.7厘米

产　地：江西景德镇

收藏地：英国维多利亚和阿尔伯特博物馆（Victoria and Albert Museum）

入藏号：C.210-1916

　　撇口，敛腹，方圈足。碗口沿内双青花线内绘4组共12个缠枝灵芝，中心青花双方框内饰正面灵芝龙纹；外壁饰4组五爪腾龙游弋于灵芝云中，近足处环绘12个如意云头纹。碗底以青花书"大明嘉靖年制"六字两行双圈楷书款。

　　此器造型规整，构图饱满，为嘉靖朝瓷器中的上乘之作。

209

素三彩戏珠龙纹执壶

年　代：明万历

尺　寸：高19.3厘米

产　地：江西景德镇

收藏地：英国大英博物馆（British Museum）

入藏号：1937,0716.88

　　盘口，短颈，梨形腹，流口上扬，弯形执手上有小系，圈足。底以青花书"大明万历年制"六字两行双圈楷书款。通体以黄、茄皮紫、绿、红、黑彩诸色绘折枝花卉、戏珠龙纹、如意云头纹等，黑彩勾边，其他诸彩填色，色彩浓淡有序，视之柔和协调，纹饰生动细腻，器型不失秀气端庄。

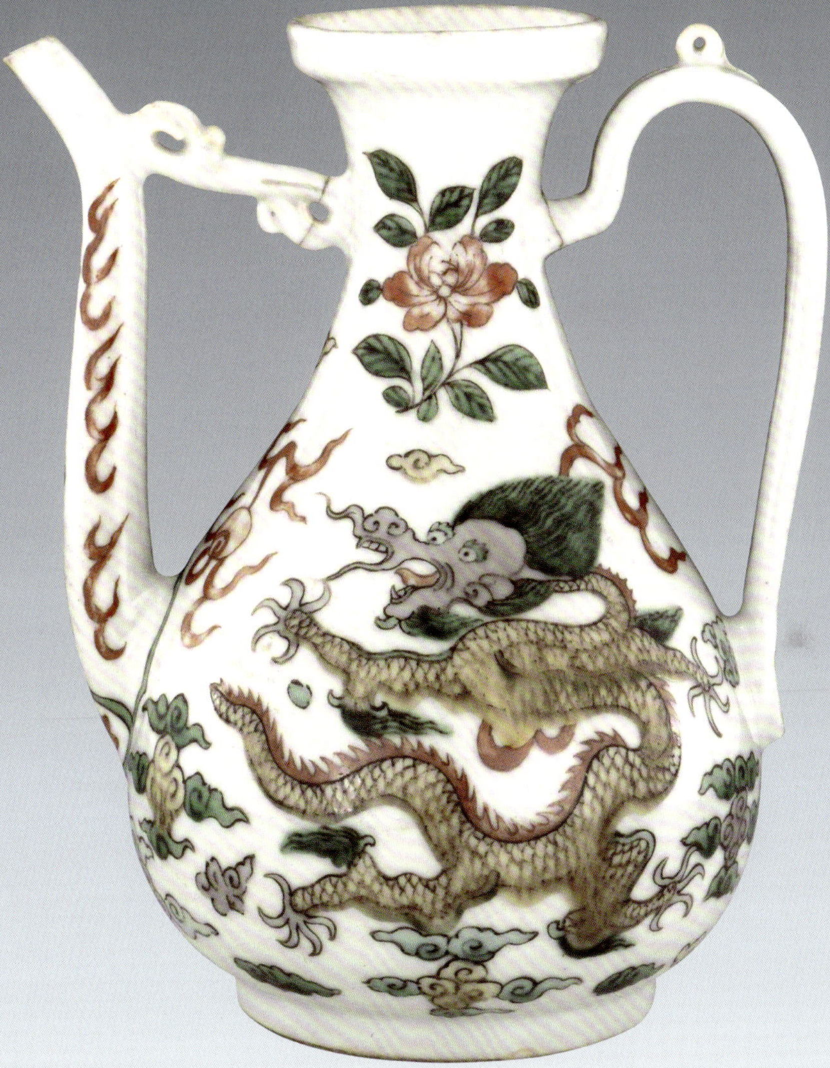

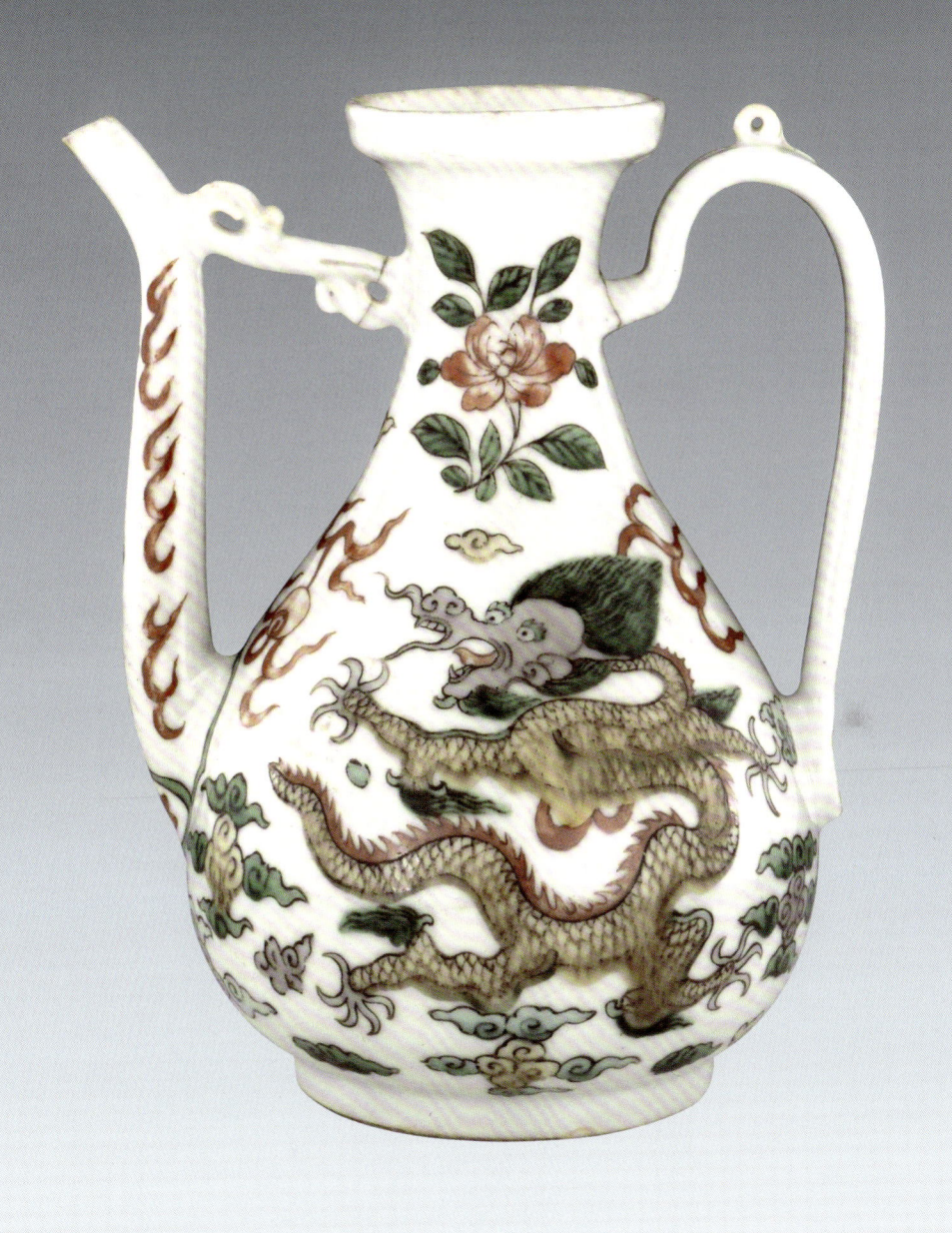

素三彩人物纹梅瓶

年　代：明万历

尺　寸：高39.1厘米

产　地：江西景德镇

收藏地：英国维多利亚和阿尔伯特博物馆（Victoria and Albert Museum）

入藏号：C.119-1939

　　小口，短颈，丰肩，鼓腹下底，瘦底，圈足。瓶口沿以红、绿和青花饰弦纹和点纹，腹壁以茄紫色饰两个腾云驾雾的神仙人物，构图简洁却意蕴十足，近底处以青花、黄彩、绿彩绘如意云头纹和卷草纹。瓶形细长优美，器型稳重，釉面白中闪黄。

213

素三彩云龙纹花觚和烛台（三件）

年　代：明万历

尺　寸：高74.2厘米

产　地：江西景德镇

收藏地：英国大英博物馆（British Museum）

入藏号：1930,1017.3

　　两边的烛台和中间的花觚均为三部分组成。烛台上面呈长方台形，敞口，直腹向下渐宽，中间为四方花盆形状。中间的贡瓶上宽下窄，中部呈倒四方形。三个器物底部均呈四方形，折沿，平底，最上部口沿均以青花书"大明万历年制"六字一行双框楷书款。

　　烛台和花觚四壁都以黄色为地，上用绿、紫和蓝三种颜色描绘或立或卧、姿态各异的云龙纹。左右两个烛台上的龙相向而视，这些龙纹分布在器身上中下各个部分，它们破层云而出，吟啸于云端，充满视觉震撼力，上下口沿装饰卷草纹和海水纹。

　　此组是佛前五件供器中之三，形制硕大，新颖别致，图案布局疏密有致，层次清楚，映证了万历年间素三彩瓷器高超的技术水平。

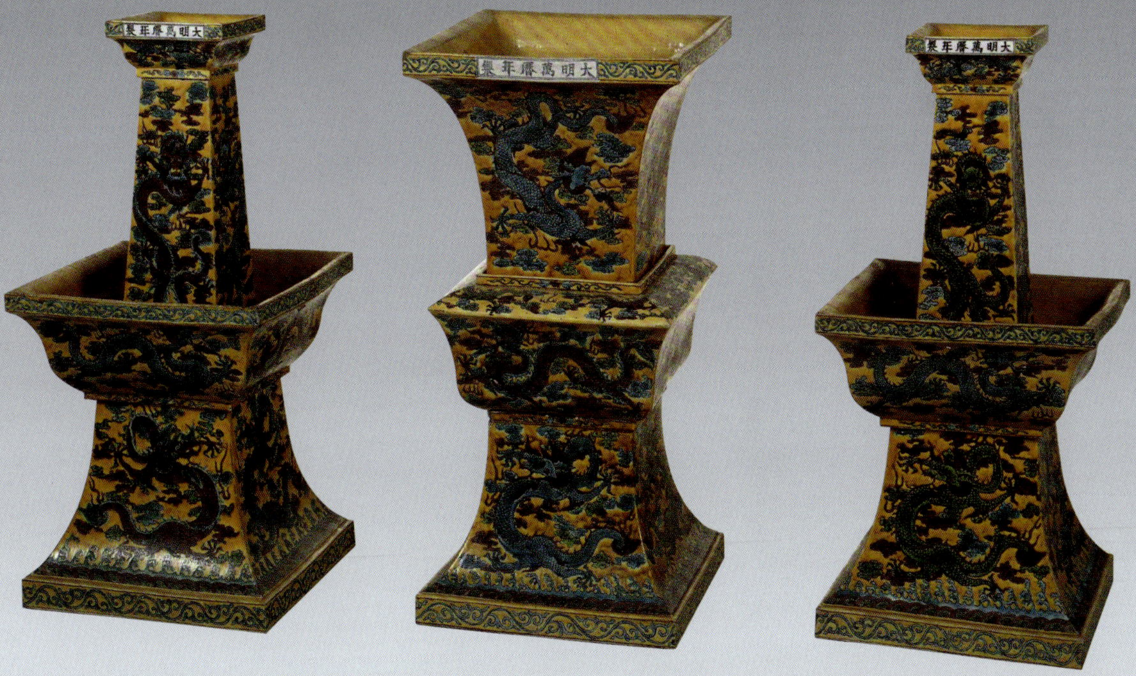
大明萬曆年製

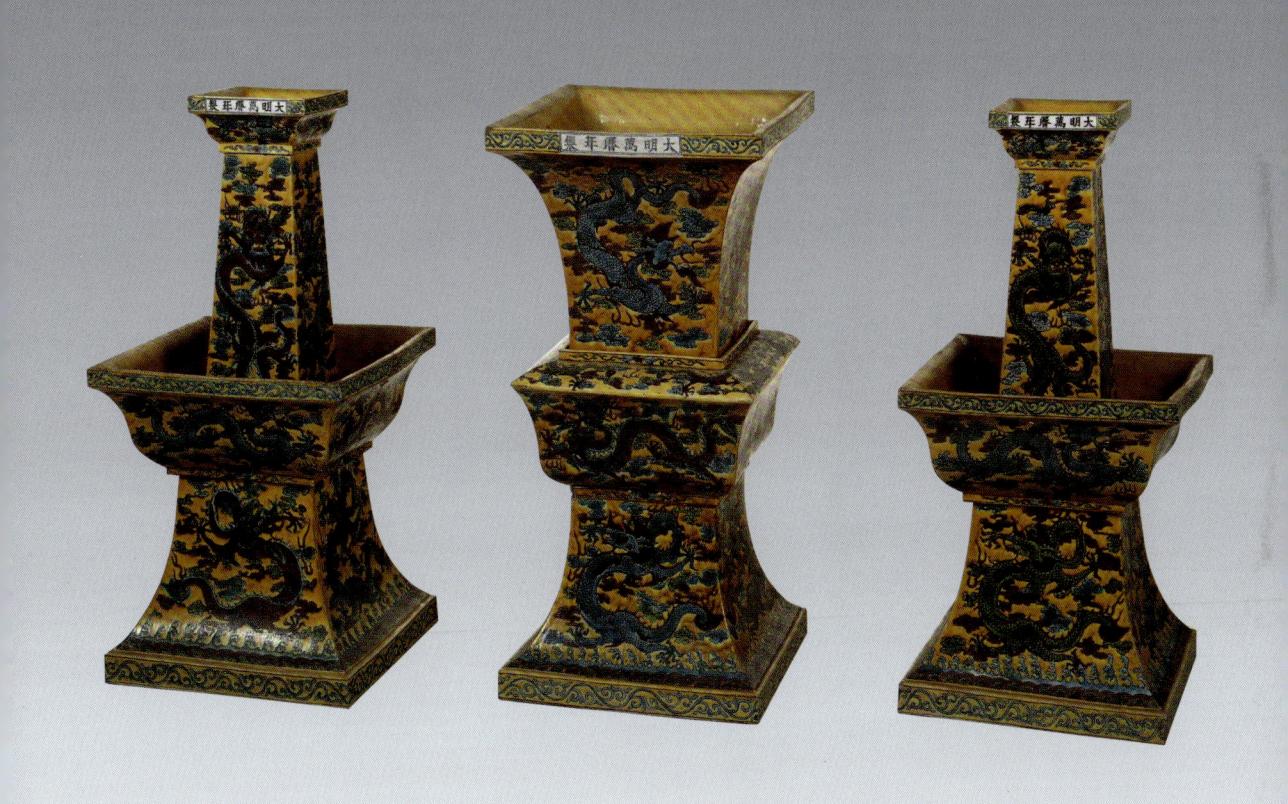

# 珐华彩

珐华彩『一路连科』纹罐

年　代：明成化
尺　寸：高12厘米
产　地：江西景德镇
收藏地：美国国立亚洲艺术博物馆（Freer and Sackler Galleries）
入藏号：F1945.1

　　敞口，短直颈，鼓腹下敛，假圈足，足底无釉。此罐装饰层次繁复，填色明亮艳丽。内部釉面泛青，外口沿下施黄釉一周，下通体以深蓝色为地，自上而下依次装饰：如意飘带云纹、灵芝纹、披肩云纹、四季朵花纹、一路连科纹、海水江崖纹等，装饰手法为彩绘平涂、立粉勾勒、阴刻、堆塑等，层次明晰，纹样生动，黄、绿、蓝、白、紫搭配协调，描绘了一幅热闹的夏天景象。

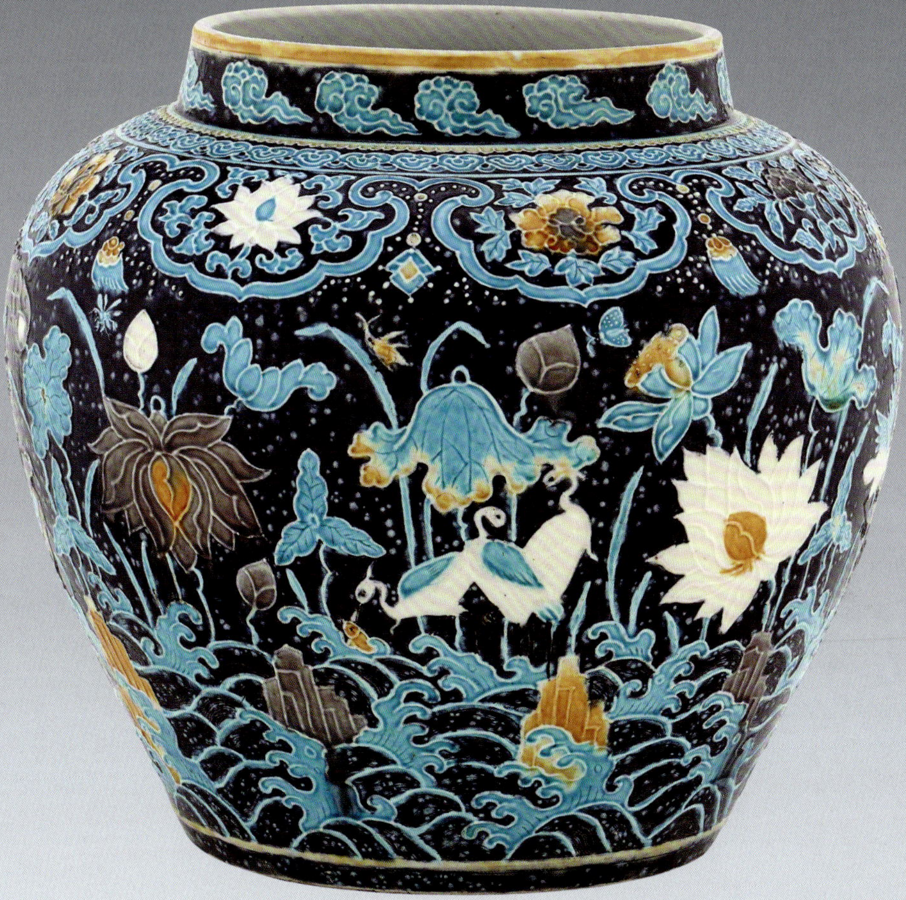

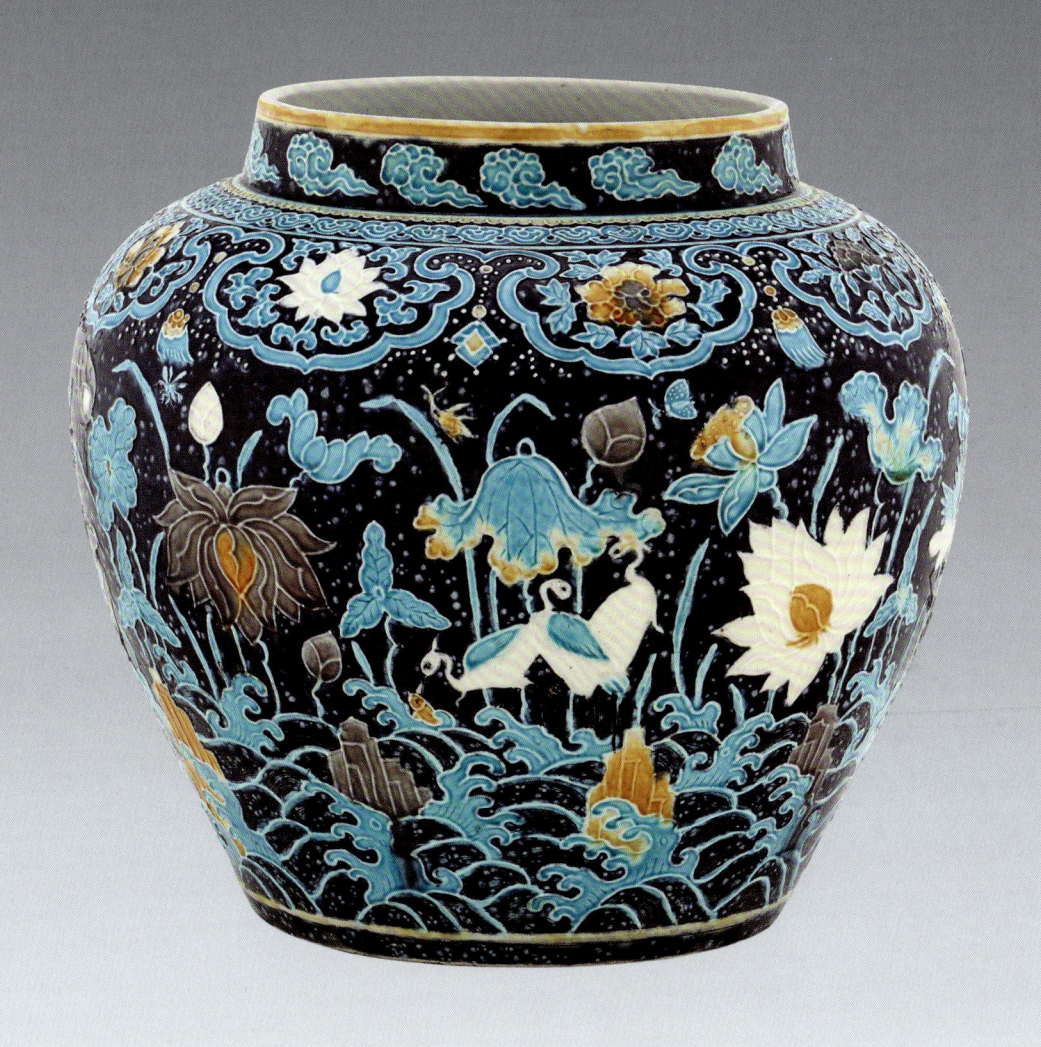

珐华彩牡丹孔雀纹大罐

年　代：明弘治
尺　寸：高35厘米
产　地：江西景德镇
收藏地：英国大维德基金会（Percival David Foundation of Chinese Art）

入藏号：PDF.759

　　短直口，丰肩下敛，鼓腹，假圈足，足底无釉。此罐用来装酒，内部白釉，外部以深蓝色为地，在上雕刻出各种云纹、折枝花卉、牡丹、菊花、变形莲瓣、连珠纹等纹饰，然后用白色、孔雀蓝、金珀黄、松香黄等各种低温彩釉填在其间，勾勒立体感极强，色彩明快艳丽。

219

珐华彩折枝花卉纹器座

年　代：明正德

尺　寸：高7.7厘米

产　地：江西景德镇

收藏地：英国大英博物馆（British Museum）

入藏号：1924,0417.1

　　圆形中空，厚沿，束颈，腹弧形，四个如意纹形镂空纹，实底。通体施绿釉，上以蓝、黄、绿三色雕四朵折枝菊花、荷花、牡丹和玉兰花纹。颈处浮雕串钱纹。胎体敦重，色彩和润，刻划工整。

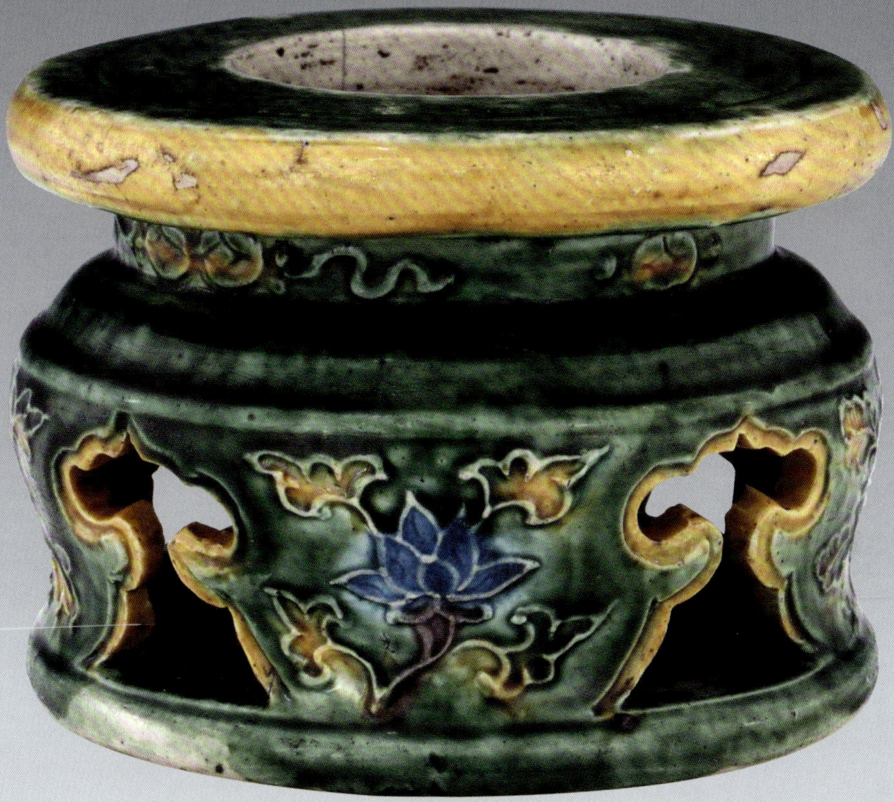

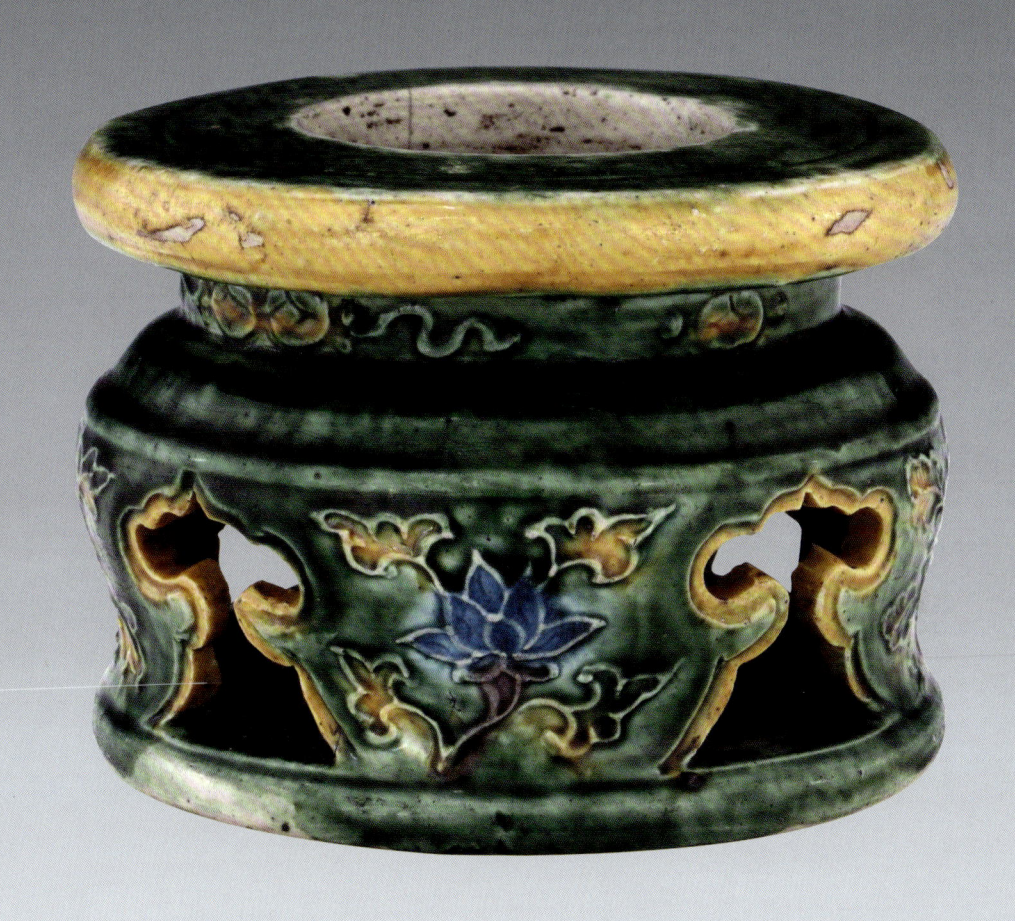

珐华彩八仙纹葫芦瓶

年　　代：明嘉靖
尺　　寸：高47.3厘米
产　　地：江西景德镇
收 藏 地：英国大英博物馆（British Museum）
入 藏 号：1936,1012.237

　　小口，束腰，葫芦形。上以宝石蓝为地，以茄紫、米黄低温彩釉为主描绘了道教八仙的形象。口沿和近底部处饰变形莲瓣纹，内饰莲花。上半部分在松林和峻石之中，一边是深受民间喜爱的从容悠闲的寿星和他的神鹿，随从童子和香炉侍在一旁，另一边是西王母和她的满是仙桃的篮子。下半部分从左到右分别是：铁拐李、钟汉离、吕洞宾、何仙姑、曹国舅、张果老、韩湘子、蓝采和。束腰处饰如意云头纹和八仙的代表之物。

　　此瓶为嘉靖朝的典型器之一，色彩淡雅幽致，人物形象生动写实，因为珐华器生产工艺的复杂和特殊，制作历史和生产地域相对短暂，能保存完好、流传至今的都是国宝级精品。

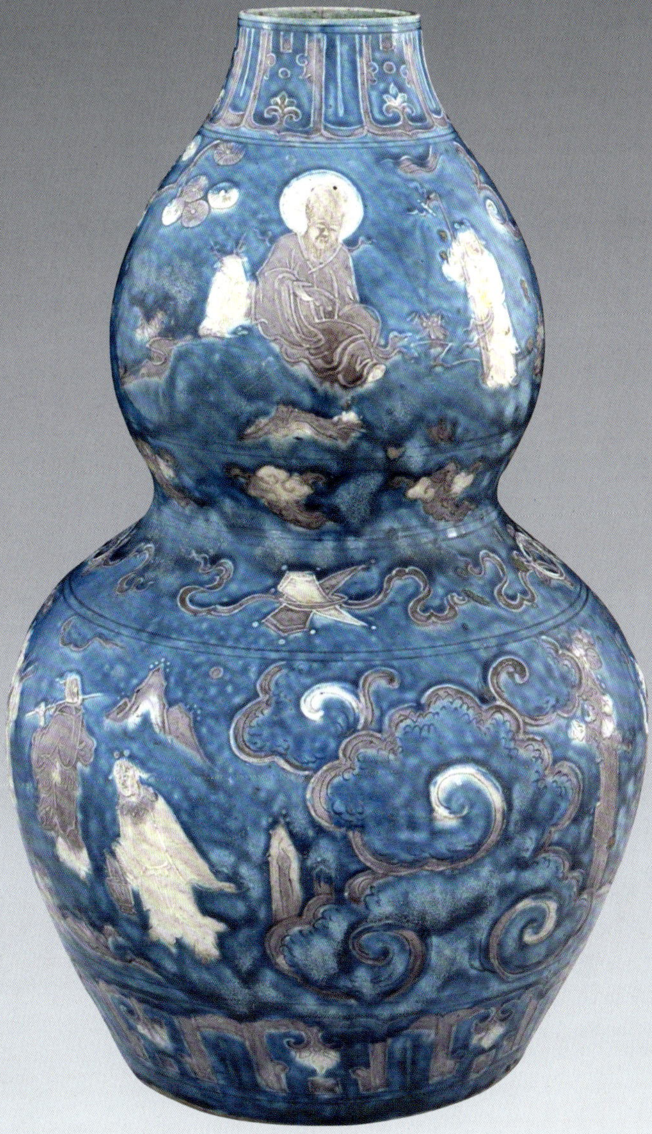

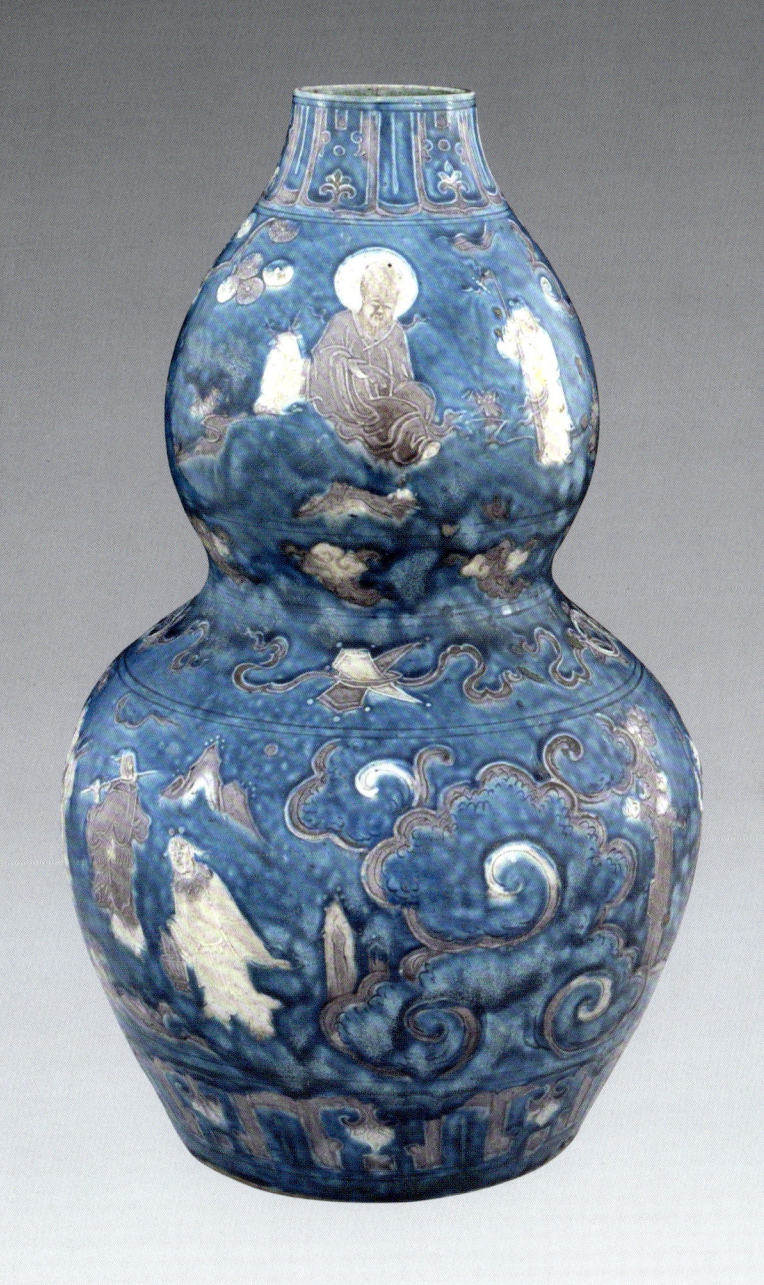

珐华彩缠枝花卉纹梅瓶

年　代：明嘉靖
尺　寸：高32厘米
产　地：江西景德镇
收藏地：英国大英博物馆（British Museum）

入藏号：1937,0716.82

　　小口,丰肩,腹以下渐敛,圈足。梅瓶外以松石绿以地,上以茄紫、孔雀绿、杏黄、绿色、黑色来描绘缠枝牡丹纹,盛开的牡丹花只用黑彩色边,花瓣则通过使用透明釉来显示。器型优美,色彩淡雅,让人沉静。口有损。

225

珐华彩梅花纹瓶

年　代：明万历

尺　寸：高27.2厘米

产　地：江西景德镇

收藏地：英国大英博物馆（British Museum）

入藏号：1936,1012.188

　　小口微侈，直长颈，削肩，腹下部丰满，因形状似胆，故名胆瓶。胆瓶的长颈巧妙地用茄紫和蓝色装饰成竹节样，腹部用透明釉和茄紫装饰雕刻出来的梅枝和花朵，纹饰简单质朴，透着浓浓的文人情趣。

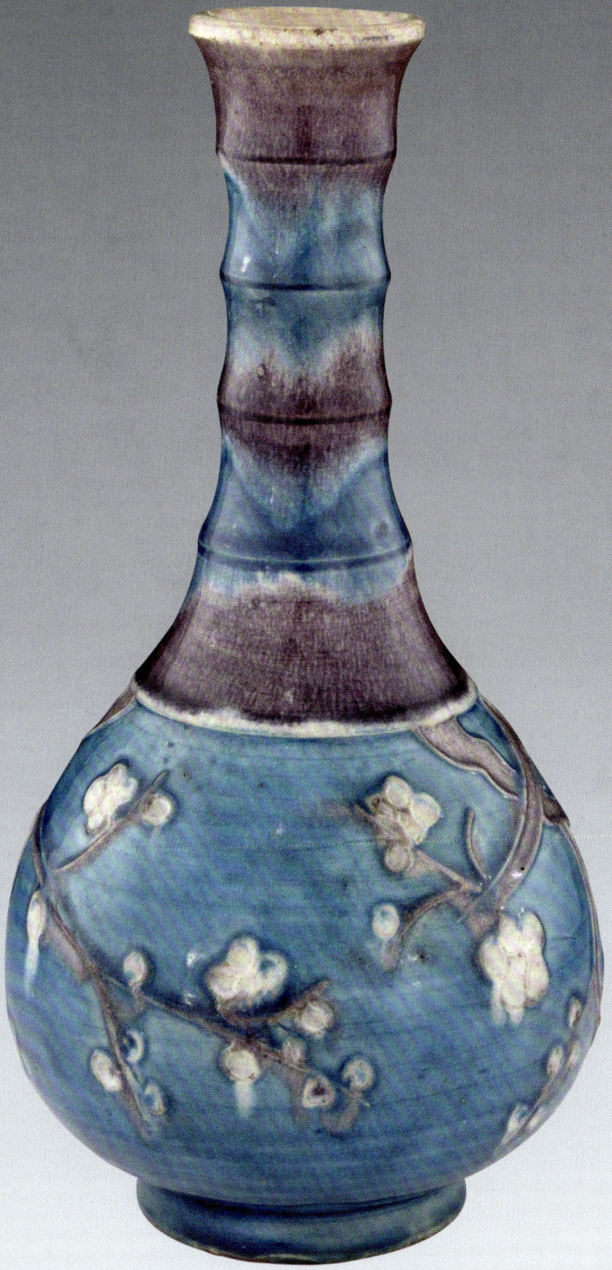

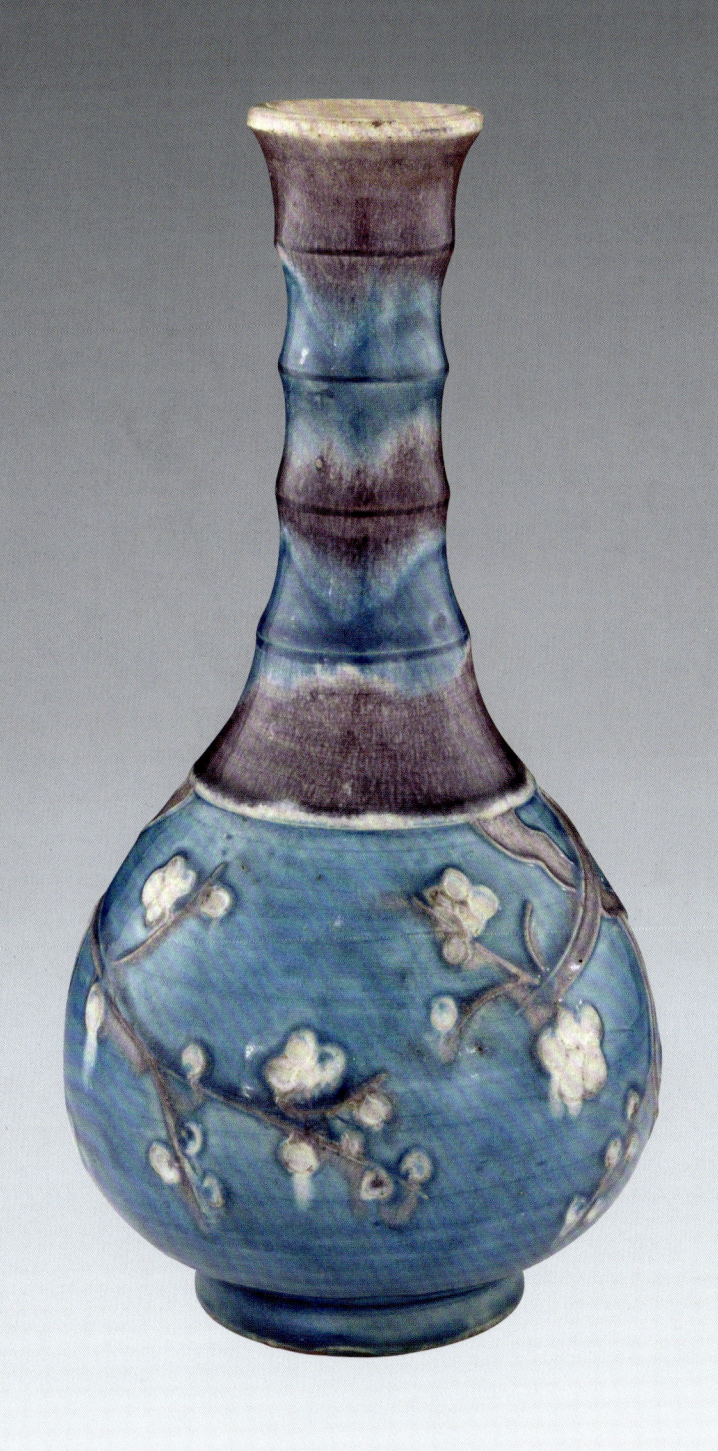

蓮池會

珐华彩莲池会观音像

年　代：明万历

尺　寸：高27.2厘米

产　地：山西阳城

收藏地：英国大英博物馆（British Museum）

入藏号：1988,0728.1

　　山西珐华器与江西景德镇珐华器所不同的是：一是陶胎，一是瓷胎；一是多种色彩混用，一是以黄绿两色为主。这件来自山西阳城的珐华彩莲池会观音像与众不同，庄重肃穆，是山西珐华器中的精品。

　　观音披巾著袍，璎珞装饰，下身穿裙，头戴饰有阿弥陀坐像的菩萨冠，赤足，坐在莲台上，莲台下荷叶亭立。观音旁边是一个跪在荷叶上，虔心祷告的弟子。两侧伸出的平坦岩石上放着布托的一本佛经和一个插了柳枝的净瓶。观音头顶是悬空的岩石，从右往左有三个圆盘，上写"莲池会"三字。雕塑背面刻有字，注明了生产年份、生产地区、捐赠人名字及生产者。

珐华彩鱼形摆件

年　代：明万历

尺　寸：高26.3厘米

产　地：山西阳城

收藏地：英国大英博物馆（British Museum）

入藏号：1938,0524.89

　　此摆件设计成碧波托鱼形，绿色波浪纹之上，鱼扬首上望，茄皮紫鱼身，金黄色鱼尾和身鳍十分醒目，黄色的眼睛专注有神，似在积累全力欲跃龙门。山西阳城的珐华彩一般是先用带管的泥浆袋在表面勾勒出凸线的纹饰轮廓，然后以各种色料填出底子和花纹，入窑烧成。

231

珐华彩荷池莲纹梅瓶

年　代：明

尺　寸：高36.8厘米

产　地：江西景德镇

收藏地：美国大都会艺术博物馆（Metropolitan Museum of Art）

入藏号：61.200.52

　　唇口外侈，短直颈，丰肩，腹下敛，圈足。瓶身以深蓝色以地，上塑如意云头纹、池莲纹、变形莲瓣纹，然后以白色、孔雀绿、黄色填入，云朵和莲花在深蓝地的映衬下显得更加纯白和洁净。珐华色彩艳丽，纹饰自然写实，充满动感。

233

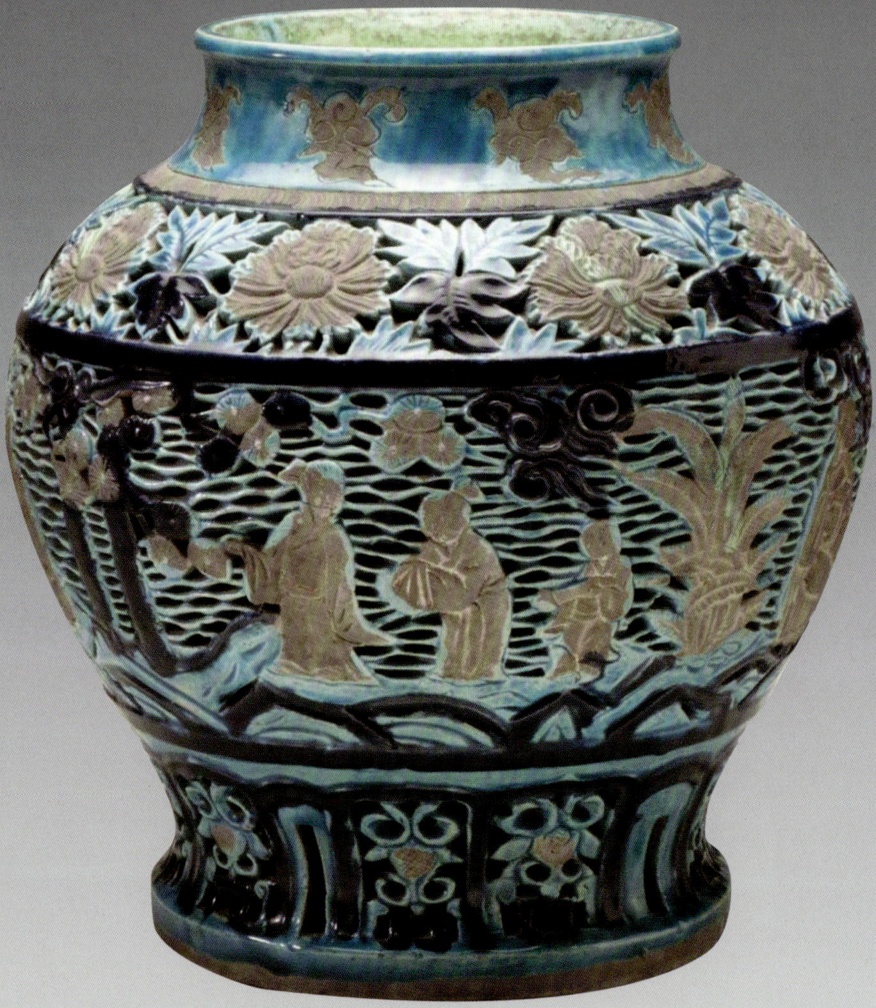

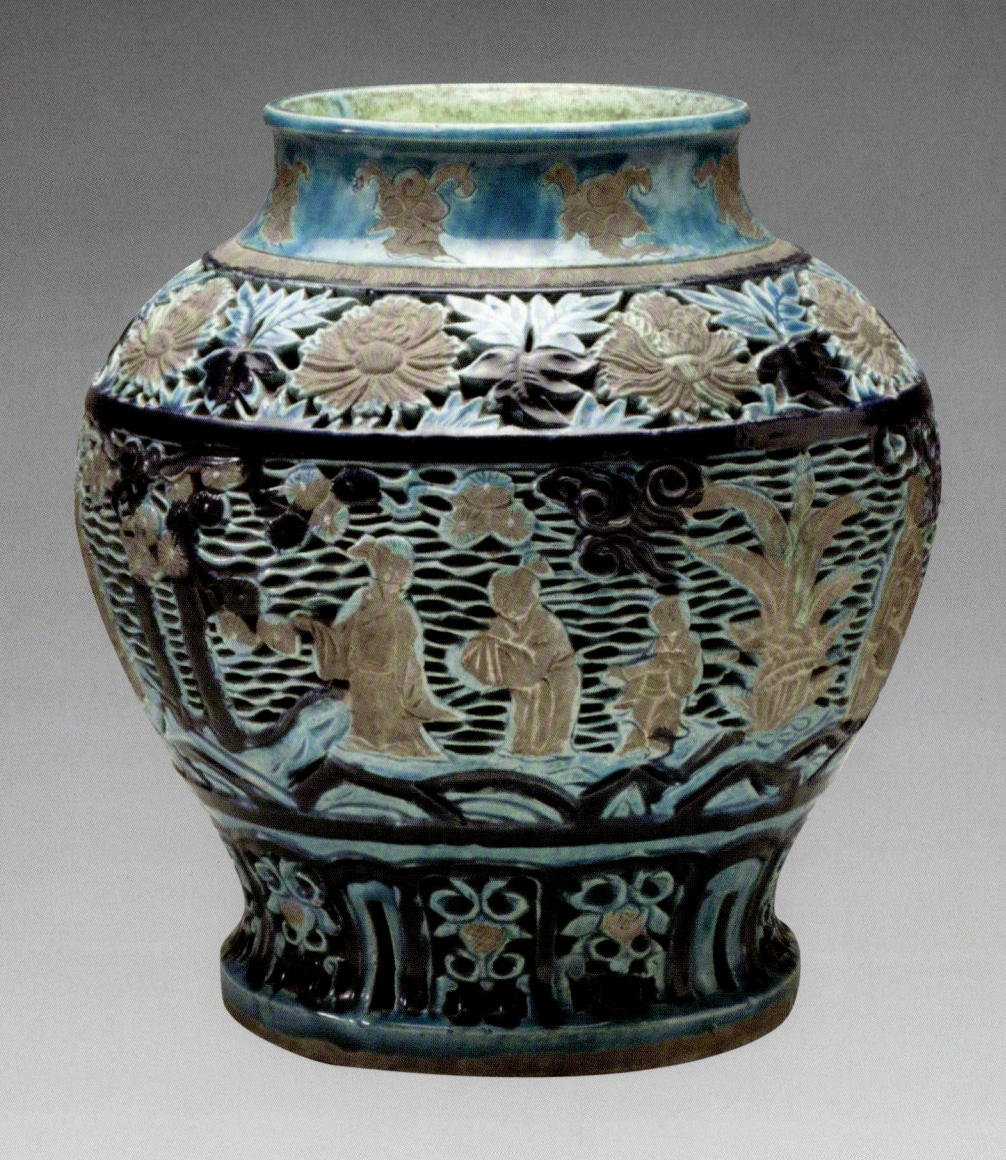

珐华彩镂空高士图大罐

年　代：明
尺　寸：高49.3厘米
产　地：江西景德镇
收藏地：美国费城艺术博物馆（Philadelphia Museum of Art）
入藏号：1882-329

敞口外侈，短直颈，丰肩，腹以下渐收，圈足外撇，足底无釉。罐身以松石绿、茄紫、姜黄等色装饰，主题纹饰为高士图，一组为"携琴访友"，一组为"松下对弈"，除短颈上的云纹外，其他纹饰均以镂空手法雕刻。此罐器制硕大，胎体厚重，堆色雍容华贵，瑰丽华彩。

杂彩

白地红彩云龙纹盘

年　代：明宣德
尺　寸：高3.7厘米，口径19厘米
产　地：江西景德镇
收藏地：英国大英博物馆（British Museum）
入藏号：F1965.4

撇口，浅弧壁，圈足。通体白釉为地，红彩为饰。盘内外口沿红彩绘弦纹两道，内外壁均绘红彩闭嘴云龙纹两条，中心红彩双圈内饰一回首凝望的开口龙，云纹飘逸，龙纹生动，红彩鲜艳，画风规矩。盘底以青花书"大明宣德年制"六字两行双圈楷书款。

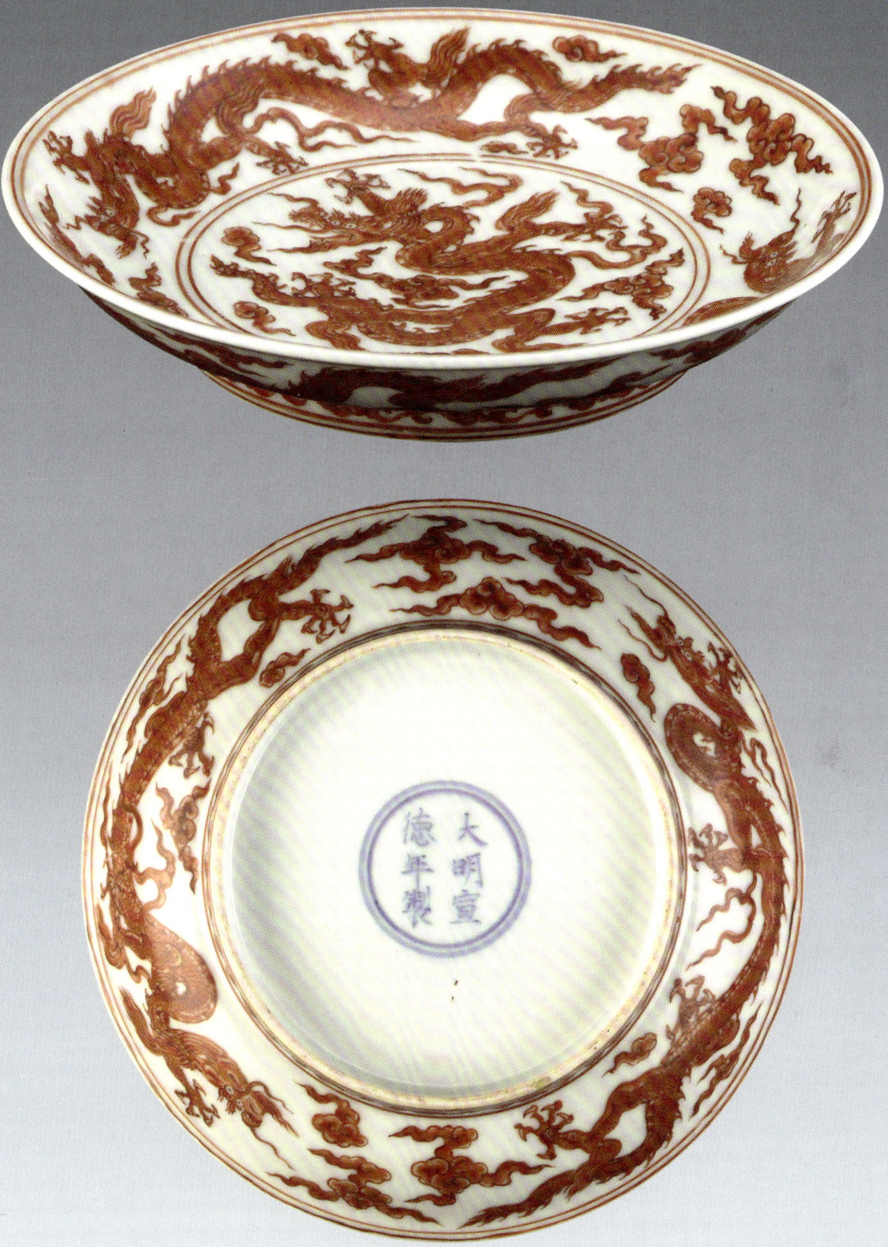
大明宣德年製

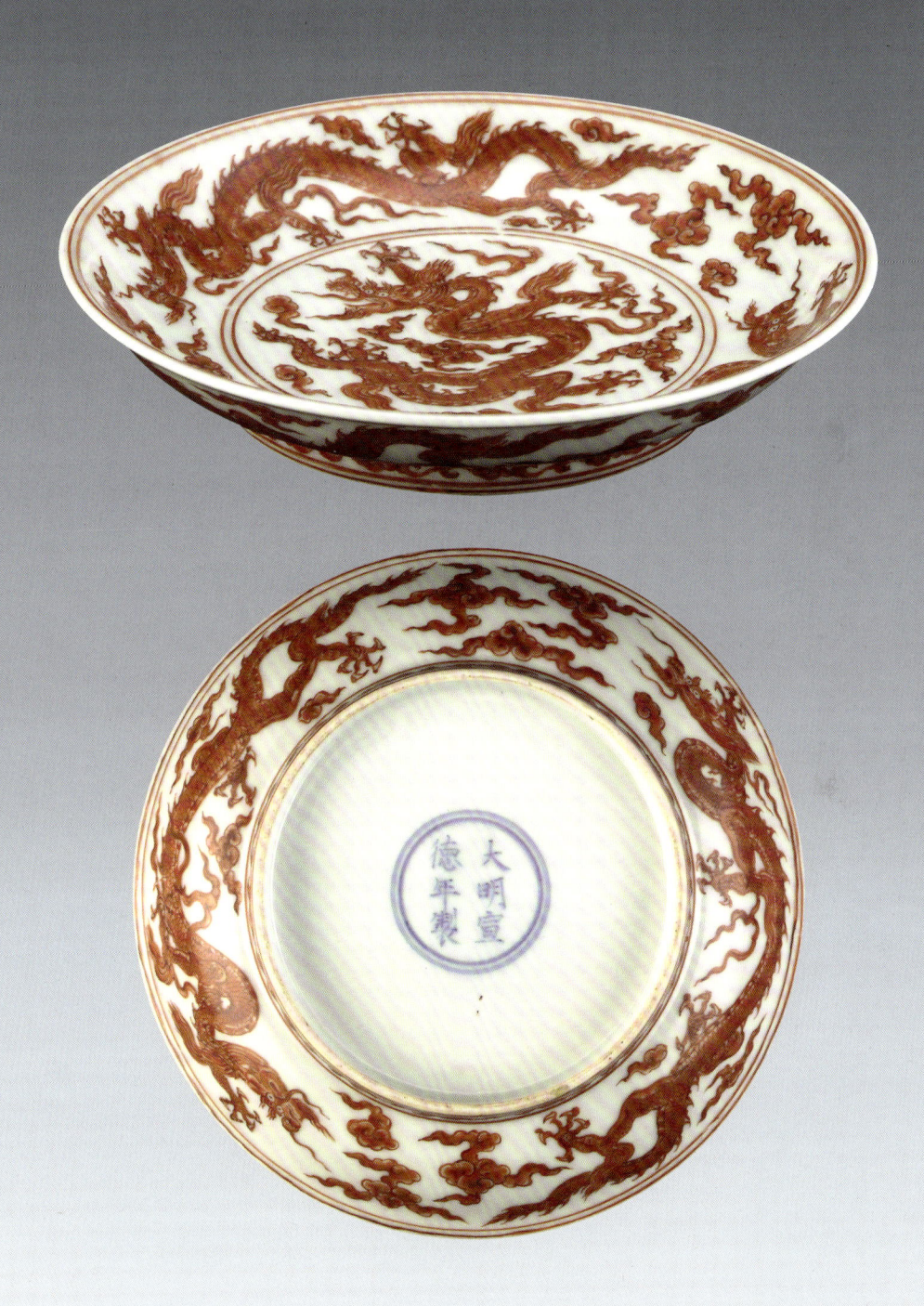

238

白地绿彩行龙纹盘

年　代：明成化
尺　寸：高4.3厘米，口径17.8厘米
产　地：江西景德镇
收藏地：英国大维德基金会（Percival David Foundation of Chinese Art）

入藏号：PDF.707

　　撇口，浅弧壁，圈足。通体白釉，釉面光滑洁净，具莹润感。盘口沿内外以绿彩饰弦纹一周，中心平坦，绿彩单圈内刻一闭嘴云龙纹，昂首挺胸，似在云中漫步。盘外壁刻两条游龙纹，身体细长，风车状龙爪有力。足底修胎整齐，上以青花书"大明成化年制"六字两行双圈楷书款。绿彩浓淡有别，在细腻的白釉映衬下，给游龙增添一种活泼之感。

白地红彩阿拉伯文高足碗

年　代：明正德

尺　寸：高12.6厘米，口径16.5厘米

产　地：江西景德镇

收藏地：美国费城艺术博物馆（Philadelphia Museum of Art）

入藏号：1944-20-802

　　敞口，深腹下敛，高圈足。内外通体白釉，釉面平滑，洁白坚致，内外以红彩绘弦纹和阿拉伯文为饰。明初的瓷器常以梵文和阿拉伯文做装饰，由于正德皇帝重视伊斯兰教，所以当时阿拉伯文更为流行，文字一般多含吉祥祈福之意。这种瓷器上的阿拉伯文装饰是研究明代中叶伊斯兰文化与汉文化相互交融、影响的实物资料。

241

242

黄地绿彩龙纹渣斗

年　代：明正德
尺　寸：高11.3厘米，口径14.6厘米
产　地：江西景德镇
收藏地：美国国立亚洲艺术博物馆（Freer and Sackler Galleries）
入藏号：F1952.21

　　喇叭口，宽沿，粗颈，鼓腹，深圈足微侈。内白釉光素，外以黄釉以地，上刻绿彩戏珠龙纹四条，近底处刻变形莲瓣纹。黄釉色泽偏暗不匀，绿彩纯正均匀，线条刻划流畅。此渣斗底部有实个小孔，应是用来排水所用，外以青花书"正德年制"四字两行双圈楷书款。

绿地金彩缠枝花卉纹碗

年　代：明嘉靖

尺　寸：高10.8厘米，口径22厘米

产　地：江西景德镇

收藏地：英国大维德基金会（Percival David Foundation of Chinese Art）

入藏号：PDF, A.549

　　撇口，丰腹下垂，圈足。碗内白釉光素，外以绿彩为地，上暗刻缠枝花卉纹，饰以金彩，近足处为金彩莲瓣纹。整器绿彩均匀，发色淡雅，金彩光泽鲜亮，富贵大气。碗底以青花书"富贵佳器"四字两行单框吉语款。

　　金彩工艺复杂，且极易脱落，故传世品不多。但就其民窑来说，能做成一件品相如此精美完整，并保存完好的大碗，实属罕见。

红地黄彩牡丹纹方口盘

年　代：明嘉靖

尺　寸：高4.1厘米，口径19.1厘米

产　地：江西景德镇

收藏地：美国大都会艺术博物馆
（Metropolitan Museum of Art）

入藏号：19.137

侈口，四方形，圈足，底白釉上以青花书"大明嘉靖年制"六字两行楷书款。器身除底部外满施红釉，口沿内外黄彩饰弦纹一周，盘中心黄彩单框内及外壁皆绘岩石、灵芝、牡丹和菊花纹。釉面明亮有光泽，黄彩艳丽如金，纹饰勾勒细腻，填彩工整，此器为官窑器的佳作。

246

白地红彩四鱼纹盘

年　　代：明嘉靖
尺　　寸：口径22.2厘米
产　　地：江西景德镇
收藏地：英国维多利亚和阿尔伯特博物馆（Victoria and Albert Museum）
入藏号：CIRC.394-1930

　　敞口，浅弧壁，圈足。内外通体白釉，釉面白中微泛青，光洁莹润，盘底以青花书"大明嘉靖年制"六字两行双圈楷书款。盘中心红彩双圈内绘鲤鱼一条，外壁绘首尾相序四条，鱼尾上扬，如在水中游动，动感十足。因"鱼"与"余"谐音，因此，鱼在中国传统纹饰中是一种富足有余的吉祥代表。

红地金彩折枝花卉纹葫芦瓶

年　代：明嘉靖

尺　寸：高44.7厘米

产　地：江西景德镇

收藏地：英国大英博物馆（British Museum）

入藏号：1936,1012.192

　　小口，双鼓腹，六棱葫芦形，假圈足。通体以红釉以地，上以金彩为饰。口沿下金彩饰一周，下为三组蕉叶纹、折枝灵芝纹和寿桃纹交替的折枝纹、六组折枝莲托八卦纹、六组不同字体的寿字纹，下半部分主题纹饰与上半部分相同，近足处绘折枝花卉纹。红釉呈色深暗，金彩明亮有脱落。

　　此瓶造型瘦长，纹饰道教意味浓郁，具嘉靖朝的典型之风。

249

蓝地金彩云龙纹如意耳活环对瓶

年　代：明嘉靖
尺　寸：高27.2厘米
产　地：江西景德镇
收藏地：英国大英博物馆（British Museum）
入藏号：1957,0730.1.a-b

　　盘口，短颈，如意形双耳带环，垂腹，圈足，仿古彝器而制。口沿、颈上饰弦纹，腹部云龙纹，纹饰及足边均采取了留白工艺：在烧制蓝釉时，预先对瓶身上要绘制的纹饰留白，形成蓝釉白花图案，然后再在需要突出的白花上描金施彩。可惜的是，此对瓶腹部云龙纹上的金彩脱落得所剩无几。瓶外口沿下阴刻"大明嘉靖年制"六字一行楷书款。

251

红地金彩缠枝莲纹罐

年　代：明嘉靖

尺　寸：高9.5厘米，腹径5.7厘米

产　地：江西景德镇

收藏地：美国印第安纳波利斯艺术博物馆（Indianapolis Museum of Art）

入藏号：60.98

　　直口，丰肩下敛，深腹，圈足。外以色泽纯正的红釉为地，上以明亮艳丽的金彩饰变形莲瓣纹和缠枝莲托如意云纹组成的寿桃纹，花叶细长，构图密集，画风流畅自如。罐底釉面青白，上以青花书"大明嘉靖年制"六字两行双圈楷书款。

大明嘉靖年製

蓝地金彩龙纹爵

年　代：明嘉靖
尺　寸：高15.6厘米
产　地：江西景德镇
收藏地：英国大维德基金会（Percival David Foundation of Chinese Art）
入藏号：PDF, A.561

　　敞口，深腹，杯口左右两侧中心处立两柱，爵身侧面有一半圆形系，下承三个高撇足，形制仿商周青铜爵，别致古雅。通体以宝石蓝釉为地，柱头与爵身上的两个戏珠龙纹均以金彩装饰，现纹饰上所烫的金彩已剥落。底器刻"大明嘉靖年制"六字两行楷书款。

　　瓷爵作为宫廷用器在宋代已经开始，而关于宫廷用瓷爵祭祀的记载最早则见于《元史》中。明、清的礼制中，更规定了官方用爵的制度。蓝釉描金是景德镇窑在元代首创的新工艺之一，装饰方法有蓝釉白花和蓝釉金彩，明时延续了这种工艺，但蓝釉金彩的存世品并不多见。

255

蓝地白花鱼藻纹碗

年　　代：明万历
尺　　寸：高3.2厘米，口径14.9厘米
产　　地：江西景德镇
收藏地：美国大都会艺术博物馆（Metropolitan Museum of Art）
入藏号：1992.332.3

敞口，弧壁，圈足。碗内外首先以蓝料为地，刻划出鱼藻纹的图样，再填白料嵌入，罩透明釉入窑烧制而成。蓝釉深沉明亮，如宝石般闪光。鱼藻纹水草摇曳，荷莲盛放，游鱼悠闲，生动有趣。碗底以青花书"大明万历年制"六字两行双圈楷书款。有裂痕。

蓝地白花这种特殊的工艺创烧于元代，但由于制作程序复杂、费时费工，非宫廷定烧一般不易生产，故此品种传世并不多见。

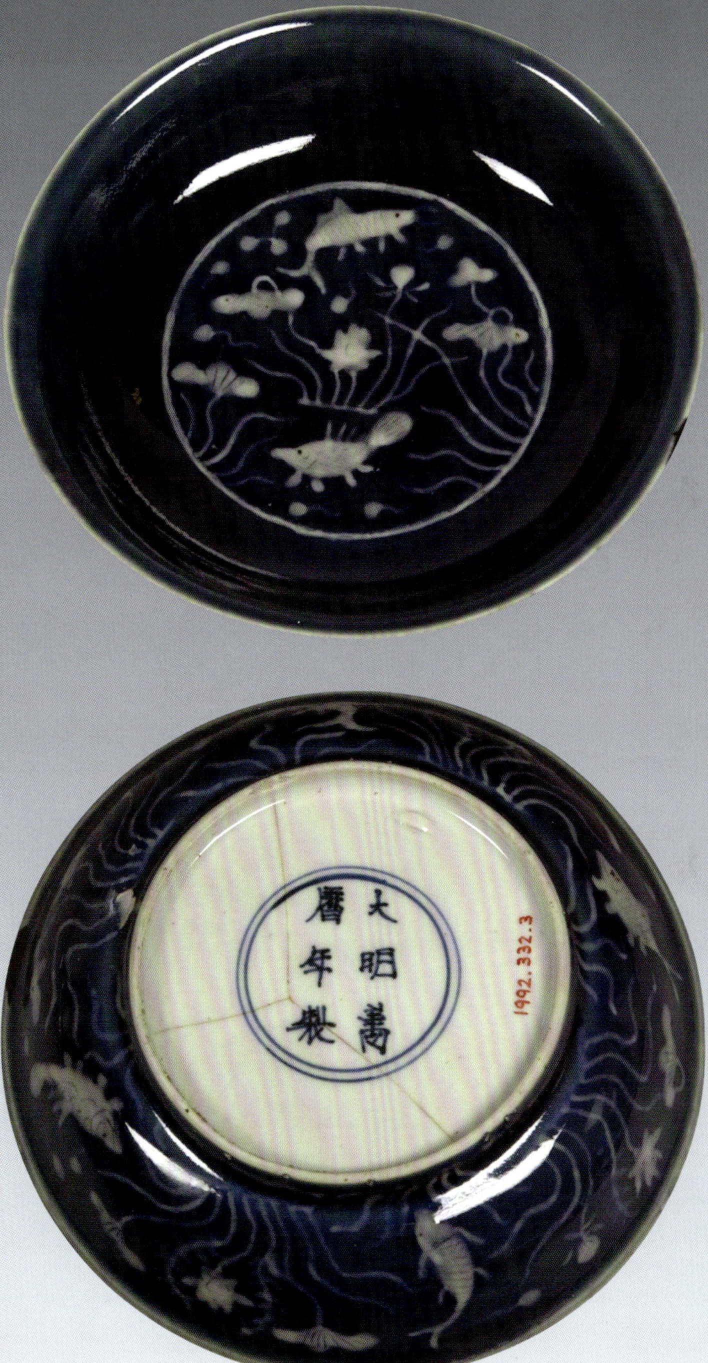
大明萬曆年製
1992.332.3

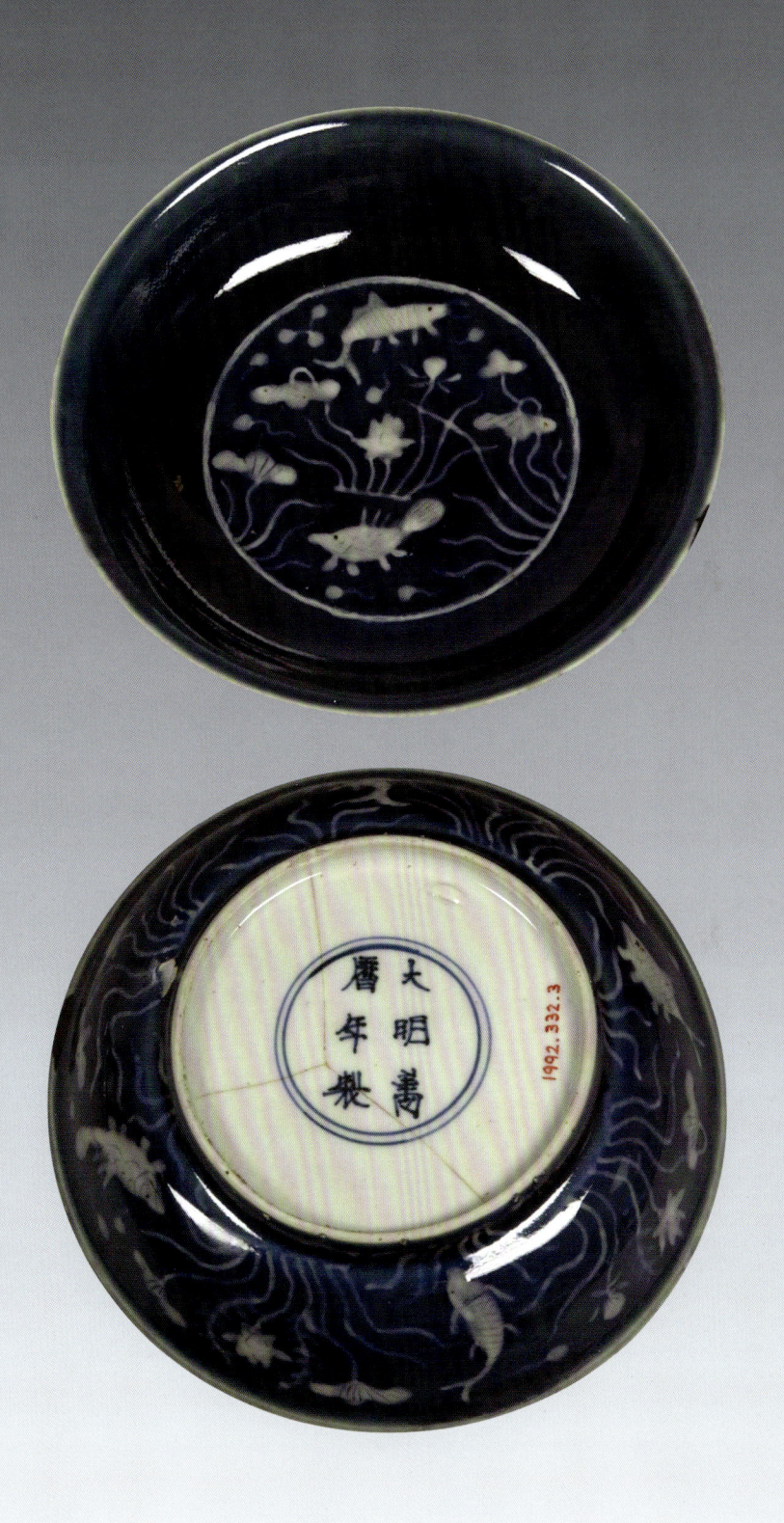

绿地黄彩花卉纹盏托

年　代：明万历

尺　寸：高1.8厘米，口径7.5厘米

产　地：江西景德镇

收藏地：英国大英博物馆（British Museum）

入藏号：1947,0712.247

敞口，整器被装饰成盛开的花朵状，口沿呈花瓣状，内壁刻满密集的花蕊，中心刻一枚七瓣朵花纹。通体绿彩为地，黄彩为饰，底部阴刻"大明嘉靖年制"六字两行单圈楷书款，填以黄彩。此盏托色彩含蓄柔和，造型非常少见。

259

酱地白花蒜头瓶（一对）

年　代：明万历

尺　寸：高27.3厘米，腹径22厘米

产　地：江西景德镇

收藏地：英国大英博物馆（British Museum）

入藏号：Franks.98.a

　　蒜头小口，长颈，削肩，圆腹，圈足，仿自汉代青铜蒜头壶。通体以酱釉为地，留白松树和梅枝纹饰，纹饰简洁醒目，器型秀气隽永，酱釉深沉纯正。

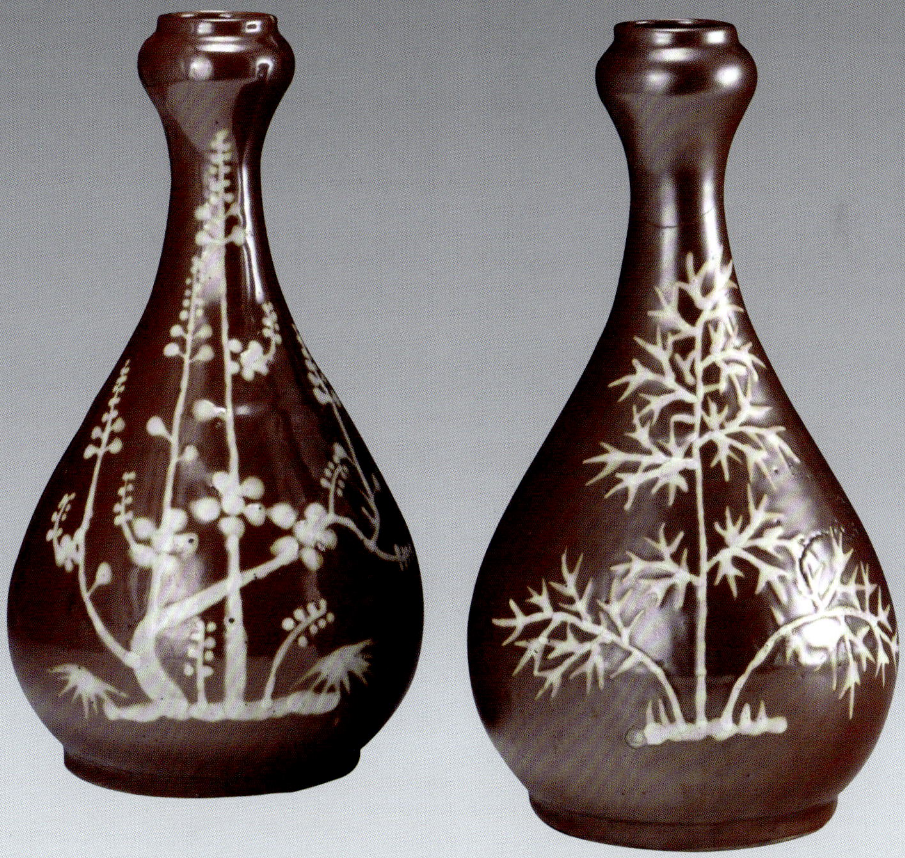

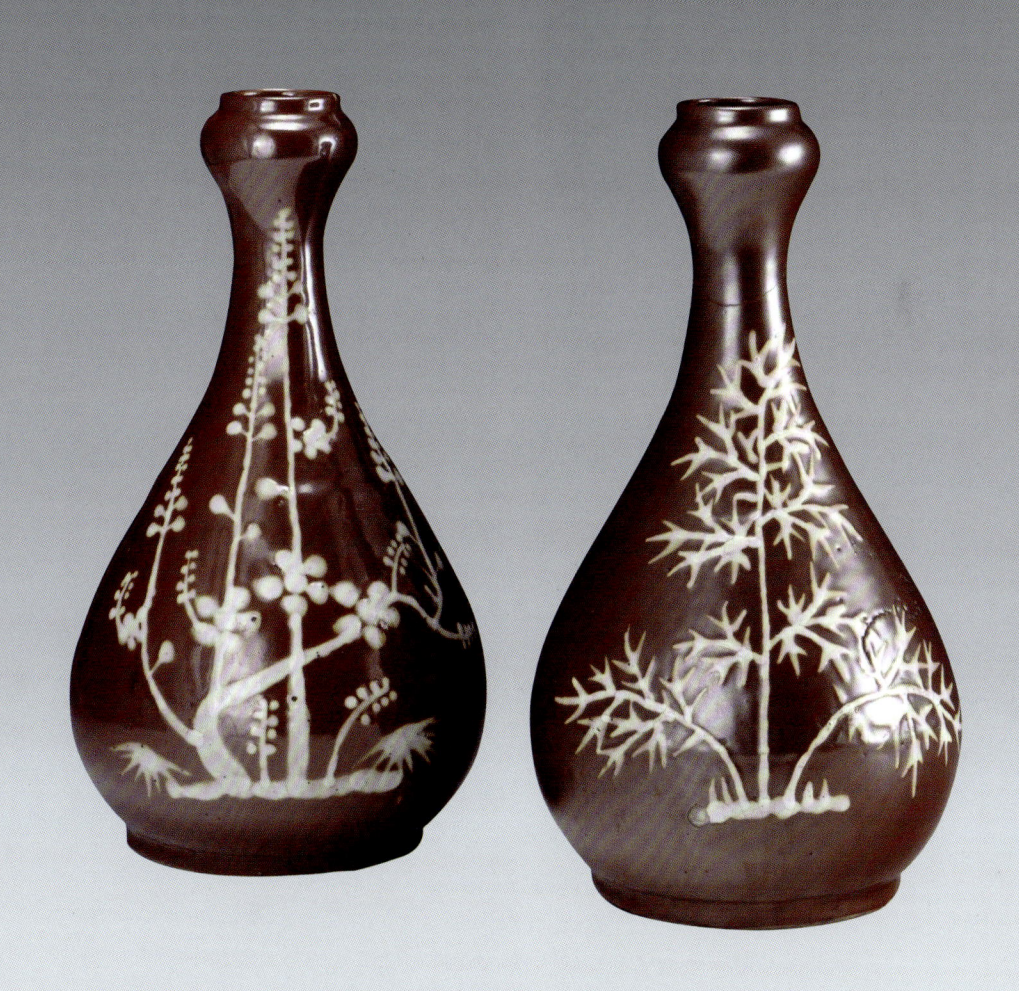

回青地白花折枝梅纹蒜头瓶

年　代：明万历
尺　寸：高31.5厘米
产　地：江西景德镇
收藏地：英国大英博物馆（British Museum）

入藏号：Franks.99

　　长颈，削肩，垂圆腹，圈足，瓶口似蒜头而得名。足底和瓶内为白釉，瓶外通体以回青釉为地，上饰一白色折枝梅花，纹饰简单，蓝色柔和，质朴中透着一股灵秀之气。

　　回青釉是嘉靖朝蓝釉瓷的新创，淡雅柔和，没有刺眼的浮光。

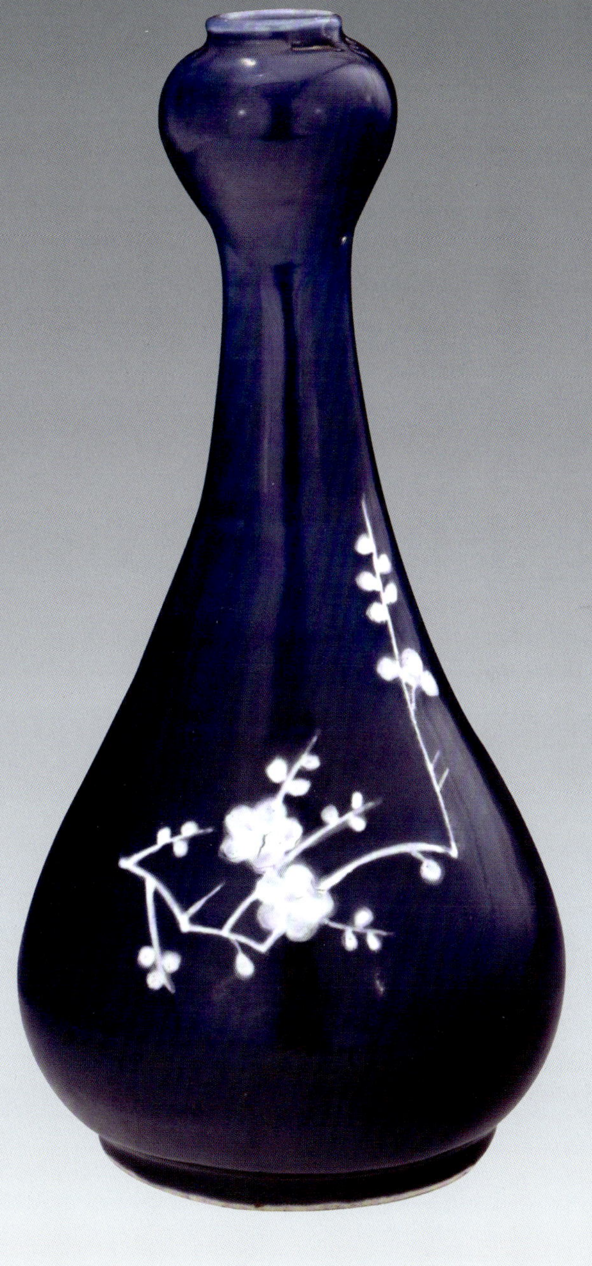

黄地紫彩人物故事纹出戟花觚

年　代：明万历

尺　寸：高26厘米

产　地：江西景德镇

收藏地：英国大英博物馆（British Museum）

入藏号：Franks.1479

　　喇叭口，长直颈，腹部圆润如鼓，喇叭形圈足。颈、腹及足径两侧出棱。此花觚以黄色为地，其上用紫色填绘人物故事纹和山石、花蝶图案。口沿内饰朵菊花纹，外面的装饰分为三部分：上半部分是山石、花蝶纹，牡丹娇艳，蜻蜓、蜜蜂和蝴蝶飞舞；中间部分是人物故事纹，讲述了一位仆人由于失误把主人喜欢的鸟儿放飞而下跪受到责骂的故事，紧跟在马背上主人身后的两个仆人，一个手执大扇，一个怀抱书籍，流云、草地、针林、远山，生动有趣；下半部分是折枝莲花纹和卷草纹。近底处饰一周如意云头纹。花觚底部白釉上以青花书"大明万历年制"六字两行双圈楷书款。

265

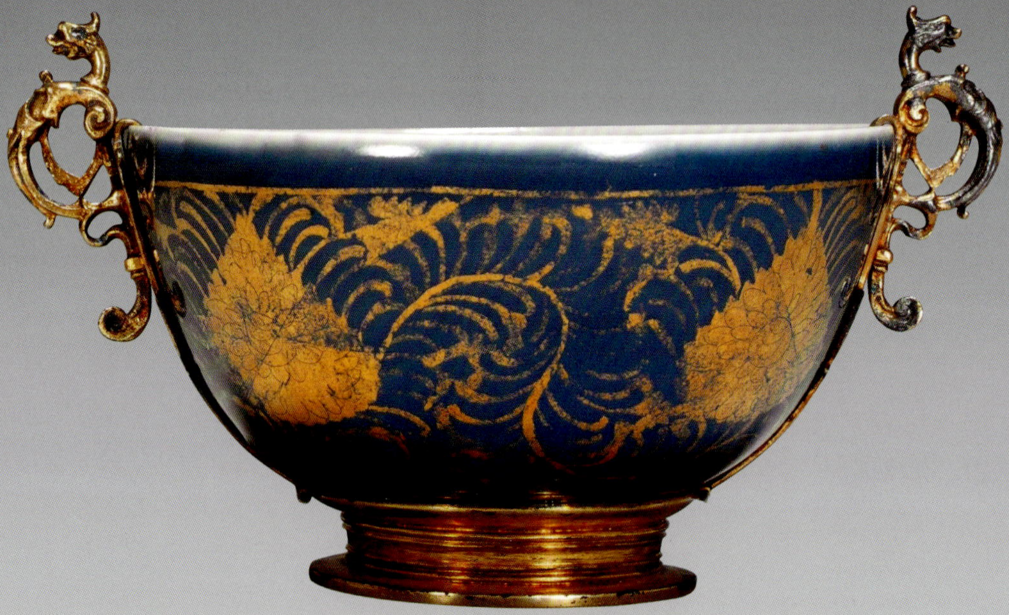

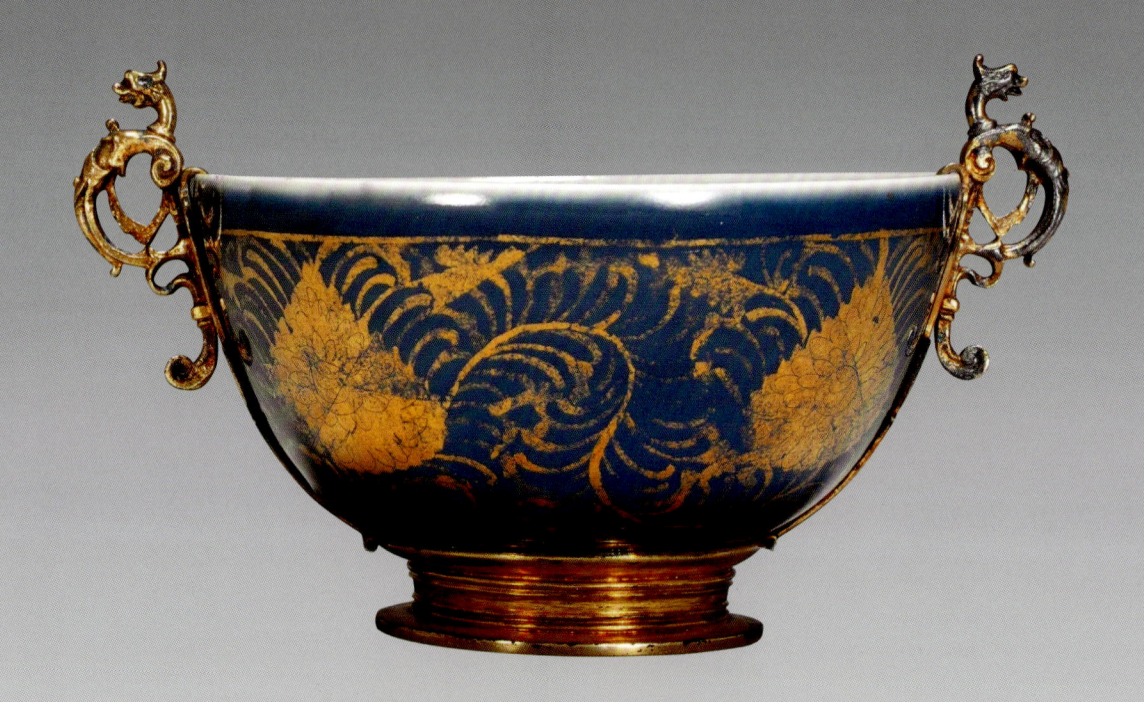

蓝地描金缠枝莲纹碗

年　代：明

尺　寸：高6.7厘米，口径12.1厘米

产　地：江西景德镇

收藏地：美国大都会艺术博物馆（Metropolitan Museum of Art）

入藏号：79.2.1122

　　敞口，斜弧壁，圈足。碗内壁以白釉为地，口沿以青花绘连枝花卉纹，中心青花双圈内饰团花纹。外壁以天蓝釉为地，上以金彩装饰暗刻缠枝莲纹。碗有银质鎏金底座和猛兽形执手，鎏金有脱落。碗底白釉，上有青花书"万福攸同"四字两行吉语款。

　　此种类型的装饰碗主要出口日本，但在中东和欧洲也发现过。

颜色釉

龙泉窑青釉八卦纹砚台

年　　代：明洪武
尺　　寸：高4厘米，口径13.5厘米
产　　地：浙江
收藏地：英国大维德基金会（Percival David Foundation of Chinese Art）
入藏号：PDF.261

砚台，中国传统的文房四宝之一，历来为文人们所喜爱和重视。此砚为明洪武年间浙江龙泉窑所制，敞口，浅腹，器身呈八角形，分饰八组各不相同的、由短线符号组成的八卦纹，代表了《周易》中的乾、兑、离、震、巽、坎、艮、坤等八种图形，寓意吉祥。器釉薄而透明，釉面为青灰色，胎体厚重沉稳，砚底露胎，"火石红"明显，器身有"洪武五年"的铭文。

269

青釉葵花口盘

年　代：明宣德
尺　寸：高3厘米，口径9厘米
产　地：江西景德镇
收藏地：英国大英博物馆（British Museum）

入藏号：PDF.585

葵花形敞口，浅弧壁，圈足。通体施青釉，胎体较厚，釉面有种玻璃质感，呈色天青，上面布满开片纹路，盘中心刻"大明宣德年制"六字两行楷书款。当为宣德朝仿汝窑天青釉所烧。

青釉刻缠枝牡丹纹碗

年　代：明成化

尺　寸：高9.3厘米，口径16.5厘米

产　地：江西景德镇

收藏地：英国大维德基金会（Percival David Foundation of Chinese Art）

入藏号：PDF, B.566

敞口，斜深腹，圈足，足底露胎，底部白釉无款。碗内外满施一层薄薄的青釉，使得暗刻在外壁上的缠枝牡丹纹清晰可见，牡丹花叶翻卷如迎风摇曳，生态灵动。此碗胎质细腻纯净，釉面迎光可透，如此器型硕大的碗在以小巧、秀气著称的成化朝确实不多见。

272

龙泉窑青釉麒麟纹砚屏

年　代：明弘治
尺　寸：高16厘米
产　地：浙江
收藏地：英国大维德基金会（Percival David Foundation of Chinese Art）
入藏号：PDF, A.206

　　正方形砚屏，插座式屏底，两者合二为一烧制而成。胎体厚重，釉质肥厚光亮，釉面纹路细密，有露胎现象。方形屏正面堆塑一麒麟神兽逐日而行，轻盈的朵云、斜倚的灵芝、茁实的小草写实可爱；背面刻字"弘治五年春立。胜日寻芳泗水滨，无边光景一时新。等闲识得东风面，万紫千红总是春。楼茂银造"纪年款。
　　砚屏为案头砚台遮蔽风尘之用，形制小巧，具有很强的陈设性，为历代文人所喜爱。

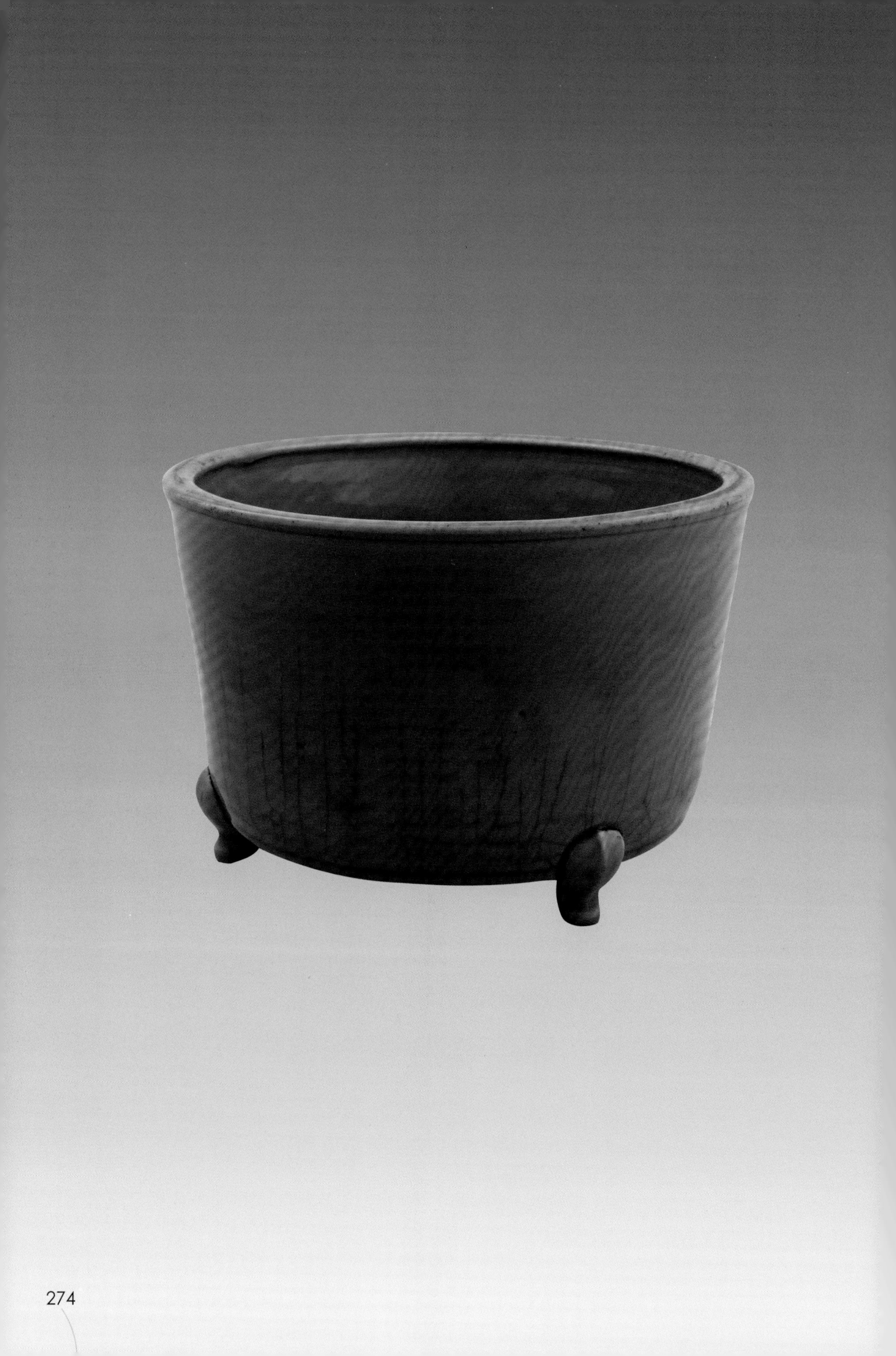

龙泉窑青釉『正德丁丑』款三足炉

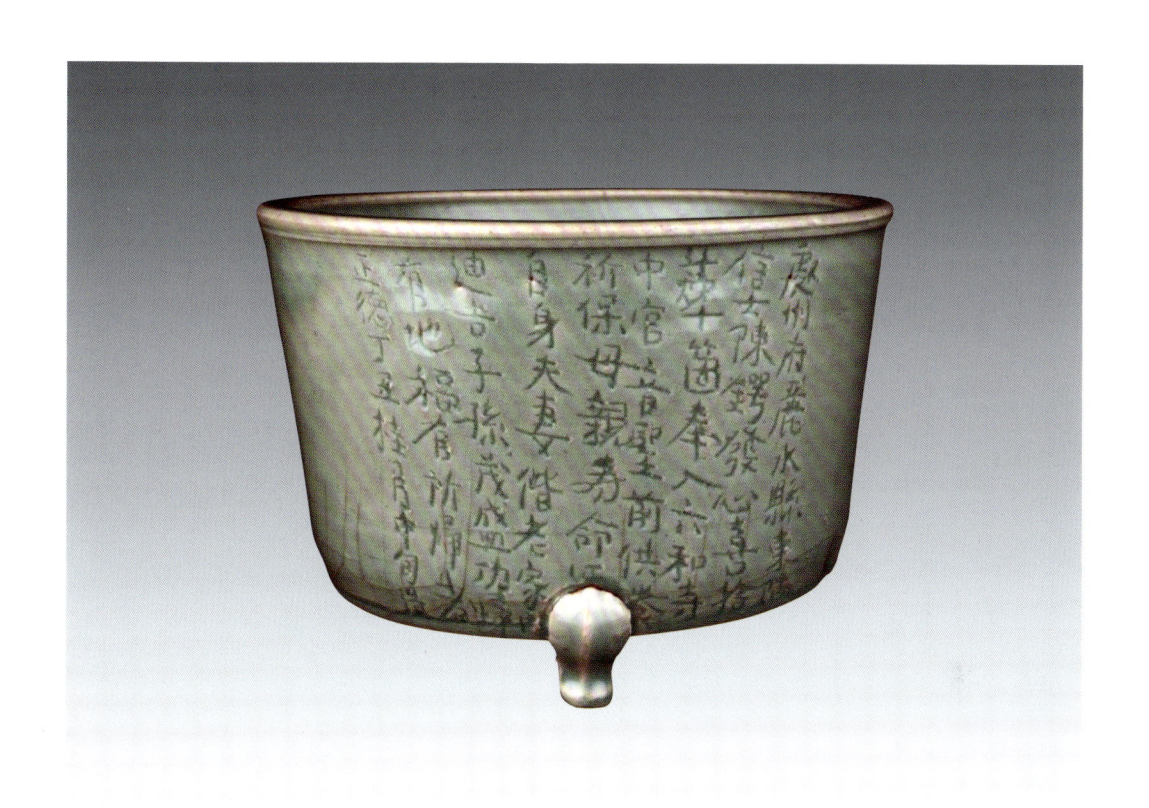

年　代：明正德

尺　寸：高15.3厘米，口径23厘米

产　地：江西景德镇

收藏地：英国大维德基金会（Percival David Foundation of Chinese Art）

入藏号：PDF.243

敞口，厚沿，圆腹，下承三足。此三足炉通体施青釉，釉面青中泛黄，胎体厚重粗糙，纹路略显杂乱。炉身刻"处州府丽水县东邻信士陈锷发，心喜舍香炉十个，奉入六和寺中观音圣前供养，祈保母亲命长，自身夫妻偕老，家门迪吉，子孙茂盛，功归有地福有祈归者。正德丁丑桂月中旬造"纪年款，说明此三足炉是私人定制的供佛用品之一。

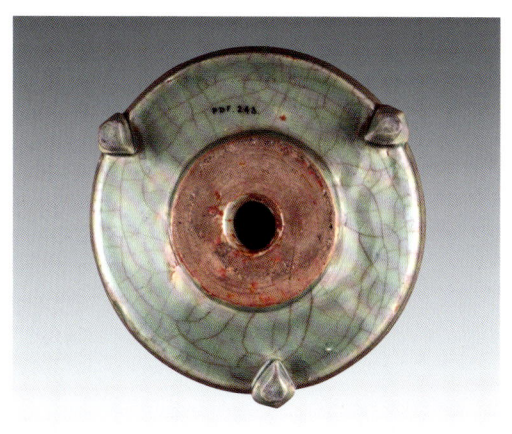

青釉卧足碗

年　代：明隆庆

尺　寸：高4.1厘米，口径9.5厘米

产　地：江西景德镇

收藏地：英国大维德基金会（Percival David Foundation of Chinese Art）

入藏号：PDF.574

　　敞口，浅腹，碗底心内凹，碗壁为圈足。碗内釉面青白，中心以青花书"隆庆年制"四字两行双框楷书款；外壁施青釉，呈色淡雅、清亮、柔和。

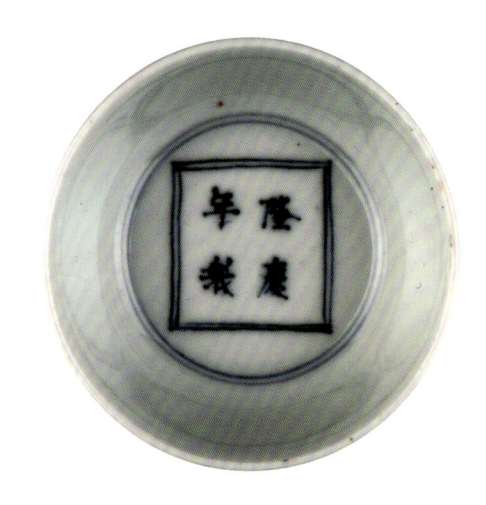

年　代：明永乐

尺　寸：高14.5厘米，口径17.5厘米

产　地：江西景德镇

收藏地：英国维多利亚和阿尔伯特博物馆（Victoria and Albert Museum）

入藏号：706-1883

甜白釉爵

口沿长而外撇，两侧有对称的立柱，圆腹略深，下承三高足，因此又称三爵杯，为仿青铜器造型。这种酒杯主要用于祭祀仪式。据文献记载，永乐皇帝喜用"洁素莹然"的素白瓷器，因此永乐朝的甜白釉器物是宫中主要用瓷。

此杯通体施以白釉，釉面光洁莹润，几能照见人影，因给人以温柔甜净之感而名"甜白"。甜白釉瓷为明永乐朝御窑厂创烧，先在极薄的胎体上，施不含铁或含铁量极低的白色乳浊釉，再高温焙烧还原出成色极白的莹润釉色。甜白釉是中国白釉品种之中的佼佼者。

白釉僧帽壶

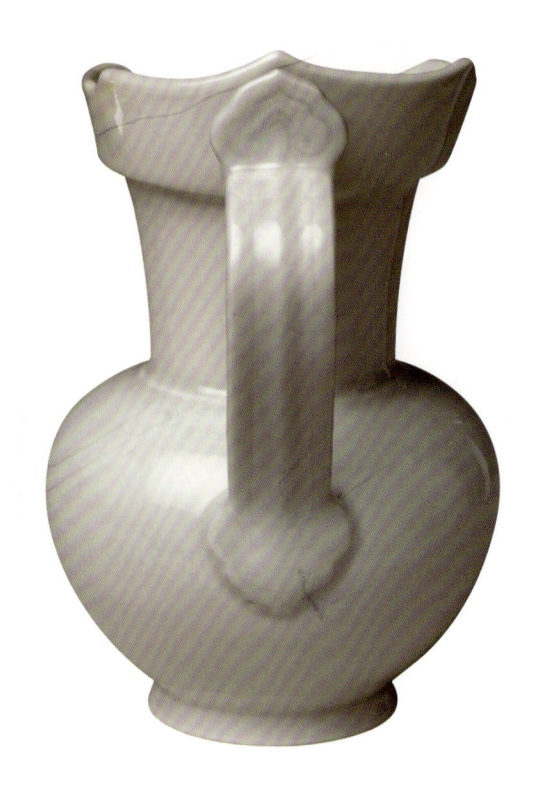

年　代：明永乐

尺　寸：高19.7厘米

产　地：江西景德镇

收藏地：美国大都会艺术博物馆（Metropolitan Museum of Art）

入藏号：1991.253.36

　　鸭嘴形流，口沿微翘，前低后高，壶盖卧于口沿内，束颈，如意形曲柄，鼓腹，圈足。僧帽壶为元代创制的瓷器造型，因壶口形似僧帽而得名。口沿暗刻卷草纹，壶腹围刻一周藏文吉祥祝福语，近足处暗刻莲瓣纹。釉面恬静莹润，白若凝脂。

　　僧帽壶的用途是，初期专为佛教僧侣饮茶，后来随着时间的推移逐步变成普通人也可以使用的茶壶。

279

白釉暗刻莲纹碗

年　代：明宣德
尺　寸：高10.3厘米
产　地：江西景德镇
收藏地：英国大维德基金会（Percival David Foundation of Chinese Art）
入藏号：PDF.402

侈口，深斜壁，圈足。通体施白釉，薄胎薄釉，釉面闪青，表层有宣德朝独有的密集小橘皮棕眼。外口沿暗刻回纹，腹部及足底暗刻细长的莲瓣纹。足底无釉露胎，碗底白釉上以青花书"大明宣德年制"六字两行双圈楷书款。

281

白釉青花『坛』字碗

年　代：明宣德

尺　寸：高5.8厘米，口径10.9厘米

产　地：江西景德镇

收藏地：英国大维德基金会（Percival David Foundation of Chinese Art）

入藏号：PDF, B.688

  侈口，深弧壁，圈足，足部露胎。碗内外通体施白釉，釉色纯正均匀，迎光透青。碗内外口沿及足部处皆以青花饰两道弦纹，内心以青花书"宣德年制"四字两行双圈楷书款，底部有青花双圈"坛"字。

  从史料上看，宣德时的白瓷主要用于祭器和赏赍器，以常见的杯、盘、碗为多，此碗就是经醮祭祀用器之一。

283

白釉碗

年　代：明弘治

尺　寸：高9.1厘米，口径20.2厘米

产　地：江西景德镇

收藏地：英国大维德基金会（Percival David Foundation of Chinese Art）

入藏号：PDF.495

　　敞口微撇，斜弧壁，圈足。通体施白釉，釉面白中泛青，釉质均匀干净，底部以青花书"大明弘治年制"六字两行双圈楷书款。此时白釉瓷的甜白之感已比不上永乐朝的同类器了。

年　代：明正德
尺　寸：高10.4厘米
产　地：江西景德镇
收藏地：英国大维德基金会（Percival David Foundation of Chinese Art）
入藏号：PDF.403

白釉碗

敞口微撇，斜深腹，圈足。内外通体施白釉，白釉青中闪灰，釉面因光亮清澈，透明度强，被称之为"亮青釉"。底釉面细润，积釉处能用肉眼看见细密的气泡，上以青花书"正德年制"四字两行双圈楷书款，并在其上用红绿彩饰了一枚果实纹。此种装饰极为罕见。

白釉暗刻缠枝莲纹杯

年　代：明嘉靖
尺　寸：高4.8厘米，口径8.2厘米
产　地：江西景德镇
收藏地：英国大维德基金会（Percival David Foundation of Chinese Art）
入藏号：PDF.440

　　撇口，深弧壁，圈足，足墙较深，直壁式，底以青花书"大明嘉靖年制"六字两行单圈楷书款。通体施白釉，呈色青灰，胎体厚重规整，釉面较细腻，杯内心暗刻朵莲纹，外壁则刻缠枝莲纹，因釉层较薄，纹饰纤毫毕现。

287

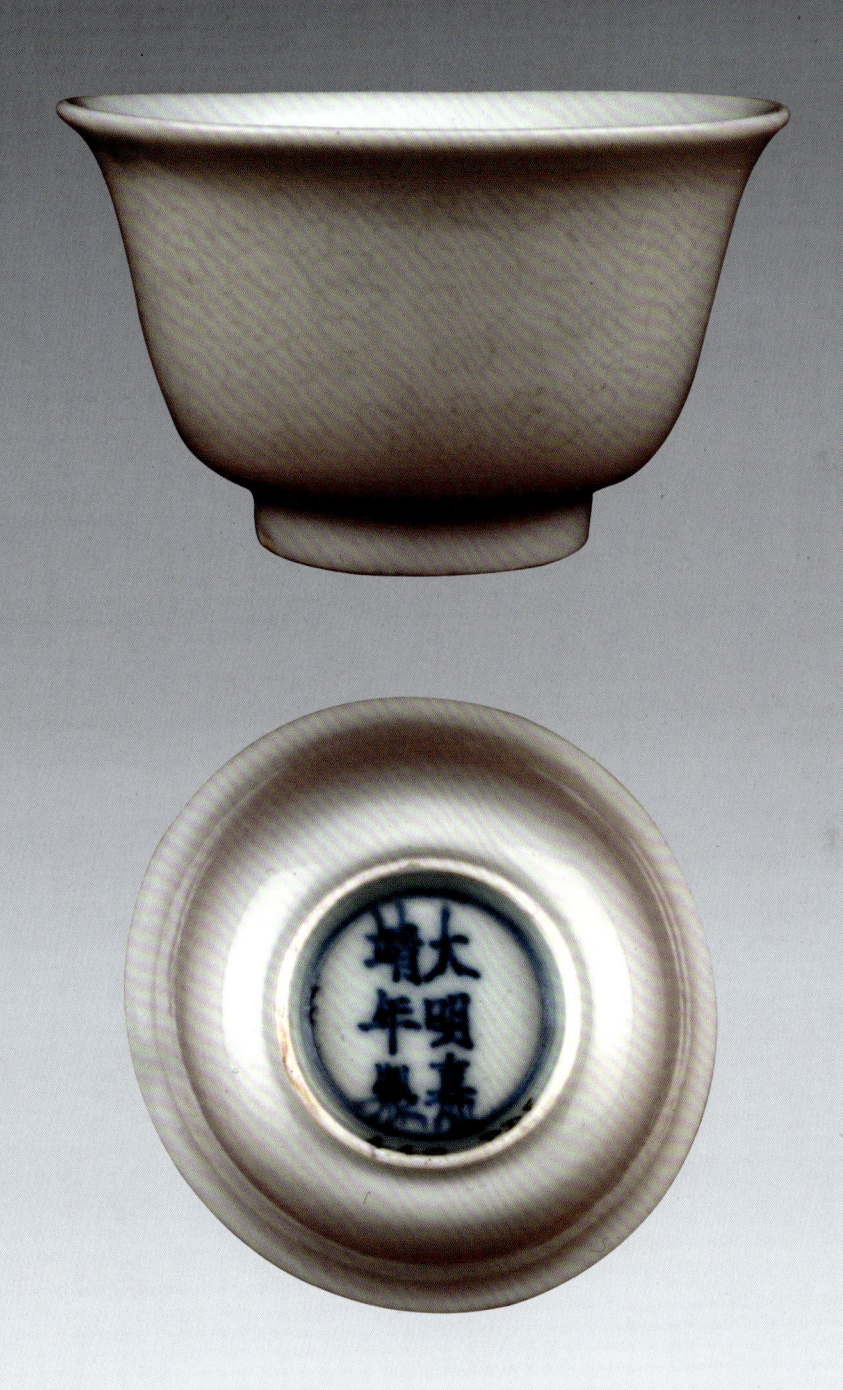

白釉暗刻龙纹盖罐

年　代：明隆庆

尺　寸：高35厘米，腹径23.2厘米

产　地：江西景德镇

收藏地：英国大维德基金会（Percival David Foundation of Chinese Art）

入藏号：PDF.490

圆口，短颈，丰肩，鼓腹下敛，圈足露胎。宝珠形纽盖。通体白釉，盖面、颈、腹均暗刻龙纹，肩、近底处暗刻卷草纹。釉面有棕眼，白釉颜色偏灰，底部白釉偏青，上刻"大明隆庆年制"六字两行双圈楷书款。

289

白釉镂空锦地开光花卉纹香薰

年　代：明万历

尺　寸：高12厘米，口径11.5厘米

产　地：江西景德镇

收藏地：英国大英博物馆（British Museum）

入藏号：Franks.692

　　圆形，兽头形纽，圈足。通体施以白釉，盖与腹镂空万字锦地纹，浮雕开光纹饰。盖面五组开光内展现的是各种花卉和鸟类，腹部四组开光则是不同的内容：一组是一对蝴蝶在花朵上闻香，二组为两只猎犬在松树下戏耍，三组为一对鸟在花枝上鸣唱，四组则为两只狗在一棵桃树下蹦跳。构思奇巧，工艺精湛，实为万历朝白釉瓷中的精品。

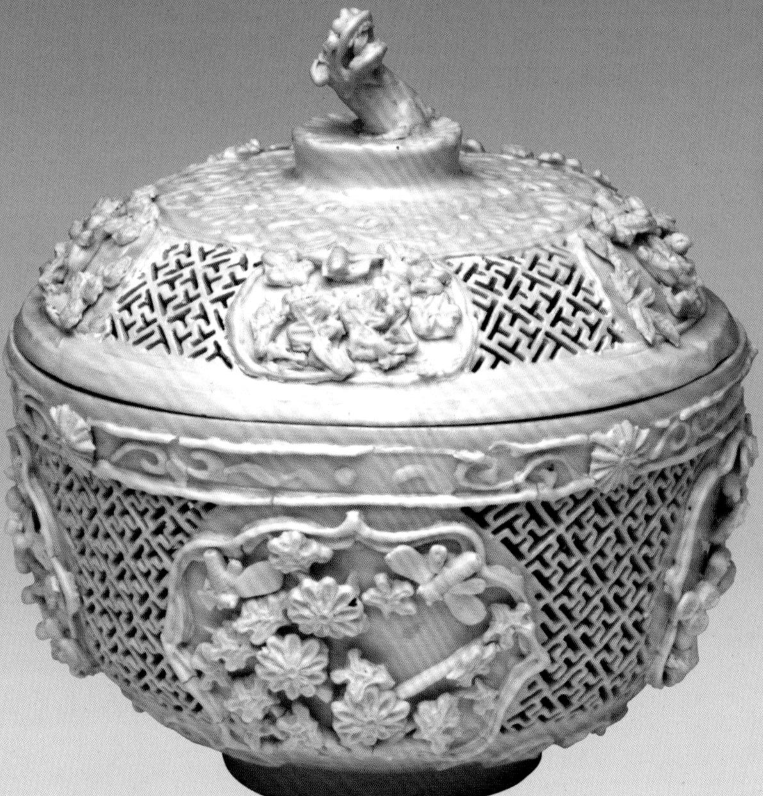

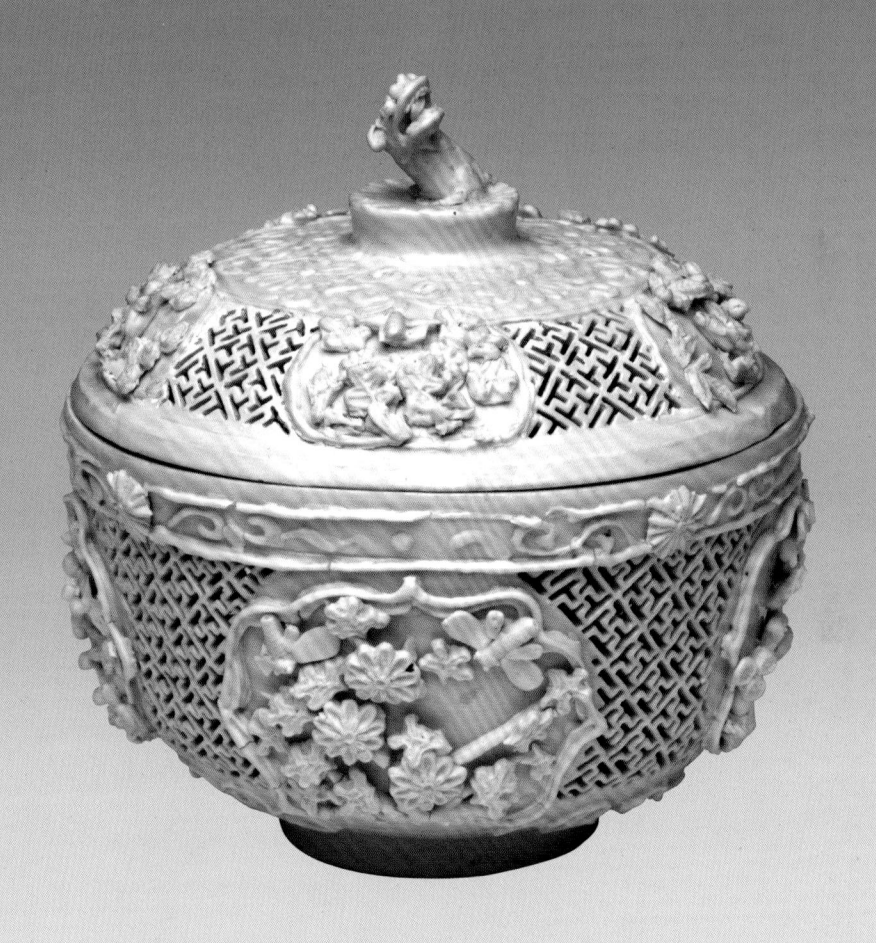

德化窑何朝宗观音像

年　代：明万历

尺　寸：高47.63厘米

产　地：福建德化

收藏地：英国维多利亚和阿尔伯特博物馆（Victoria and Albert Museum）

入藏号：C.546-1910

　　此观音通体白釉，头束三宝莲花盘髻，戴风帽披肩长巾，袒胸结璎珞，面庞丰腴，眼帘下垂，巧鼻樱嘴，身着广袖通肩大衣，长裙曳地赤足站于浪托莲台之上，双手身前交叉微拱。观音形象端庄，神态肃穆，文静慈祥，超凡脱俗。坚细的胎质配以莹润的象牙白釉，愈发衬托的观音如脂似玉，典雅神圣，令人叹为观止。观音背有葫芦形小篆"何朝宗"款及小篆"宣德"方章款。

　　何朝宗又名何来，是明嘉靖、万历年间的著名雕塑家，他的瓷塑作品，博取各家之长，形成独具一格的"何派"艺术。他所塑造的各种古佛神仙，着意表现人物外在衣纹刻画的同时，也注重抓取内在的传神写意，富有神韵。

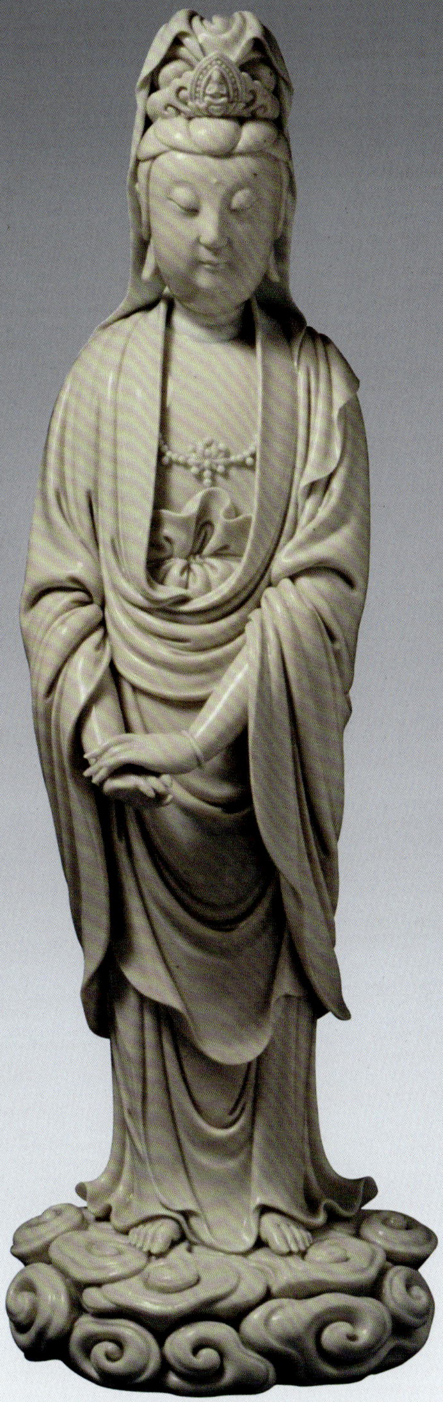

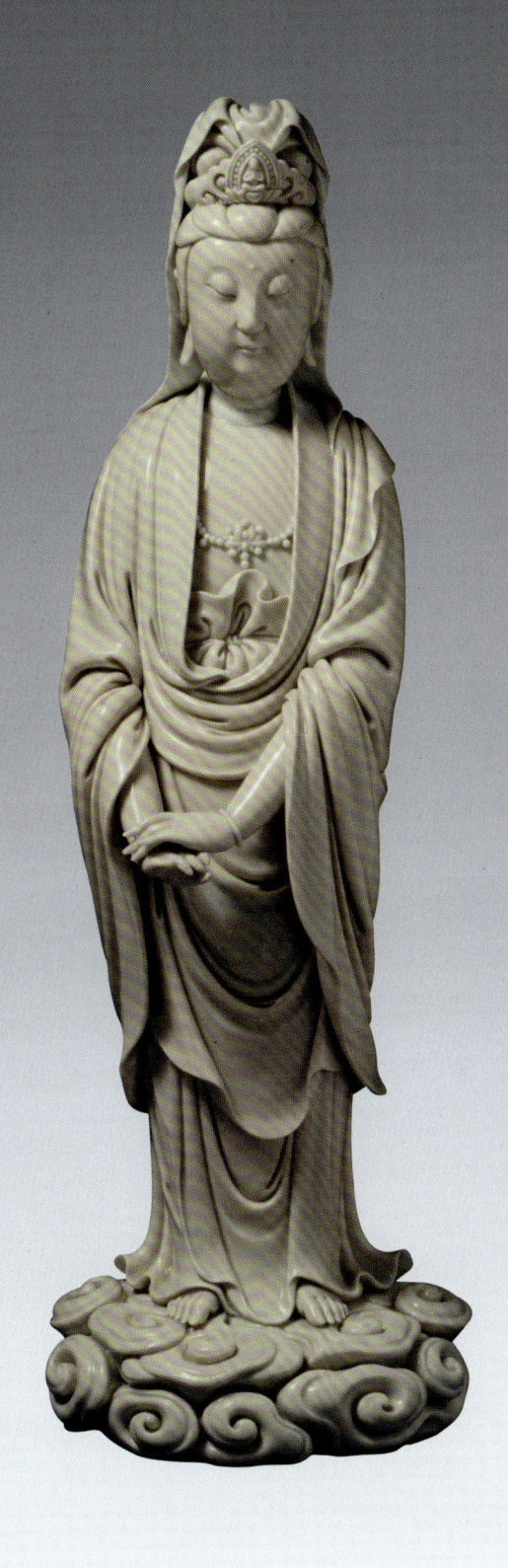

外红釉内蓝釉暗刻云龙纹高足杯

年　代：明洪武

尺　寸：高10厘米，口径13.6厘米

产　地：江西景德镇

收藏地：英国大英博物馆（British Museum）

入藏号：1968,0423.1

　　高足杯也称"马上杯"，始于元代，适用于蒙古族的马上饮酒。此杯撇口，深弧腹，高足，足中空外撇，足底露胎无釉。杯外通体施红釉，釉面呈棕红色；内则满施蓝釉，蓝釉轻薄明朗，内壁模印两条五爪龙纹逐于灵芝云间；杯心饰三朵"风带如意云"：上下如意云头，中以S形云带勾连，云带外弧各作半如意云头，恰似"风吹云走"得名。

　　在瓷器上模印凸花的两面装饰手法，是明洪武窑对元代枢府窑模印凸花技术的承袭和演变，此技术用在两色釉瓷器上，为明洪武朝所独有。洪武瓷存世不多，颜色釉为少，独有之二色釉瓷尤其稀有。

295

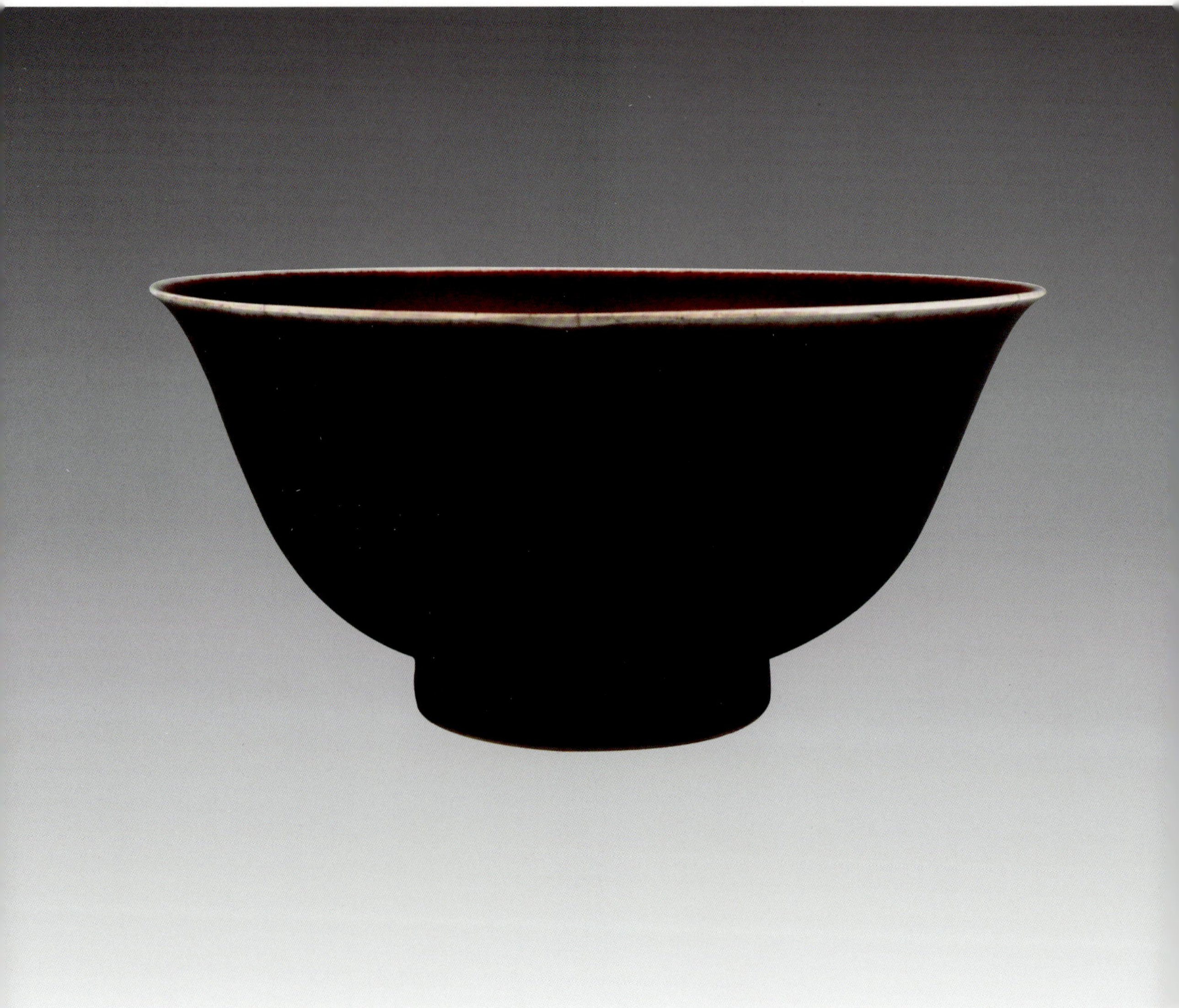

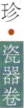

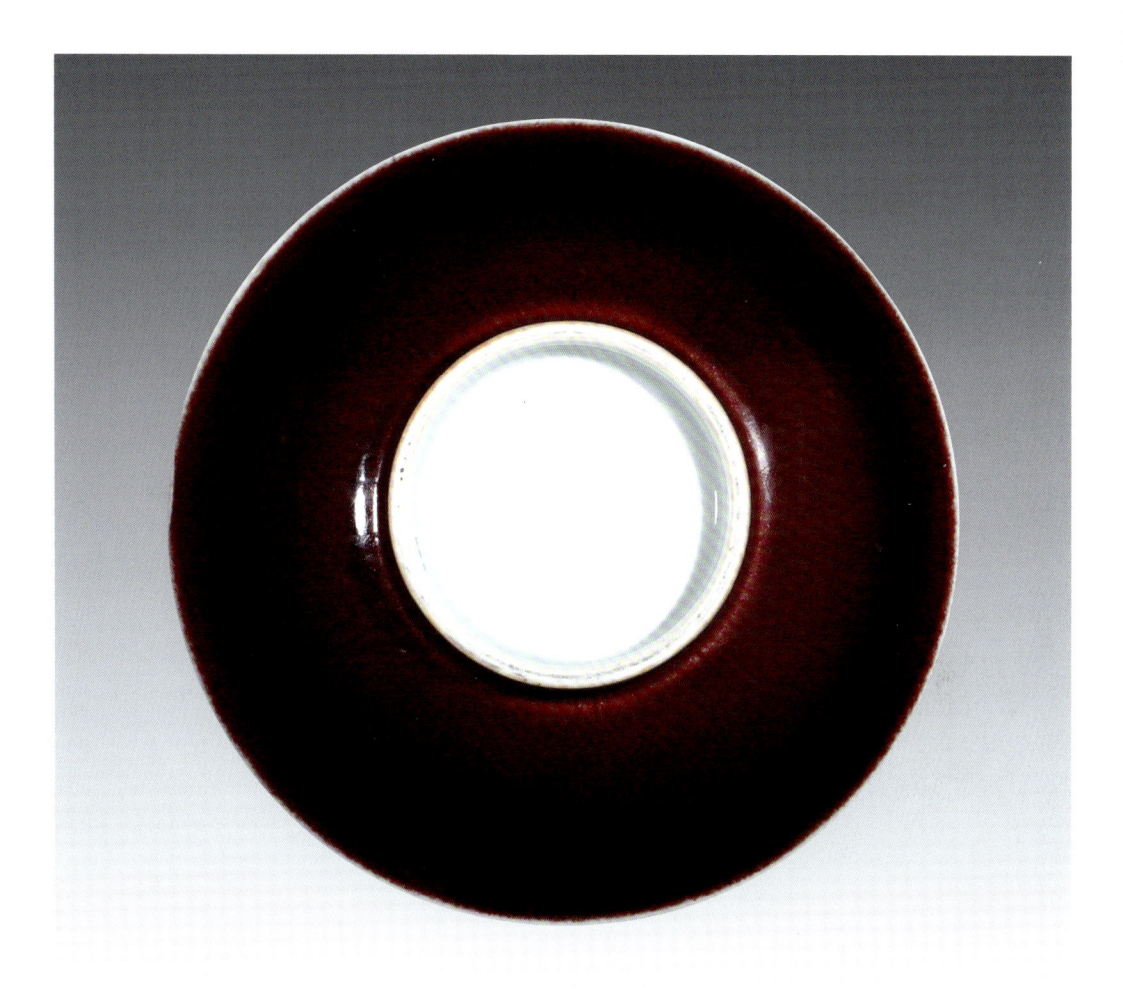

红釉碗

年　代：明永乐
尺　寸：高9.7厘米，口径20.7厘米
产　地：浙江龙泉窑
收藏地：英国大英博物馆（British Museum）

入藏号：PDF.585

　　撇口，深弧壁，圈足。通体施红釉，碗口显白色胎骨，足内施白釉，无款识。此碗造型规整大方，红釉色泽纯正，迎光看如宝石般鲜艳明丽，是永乐朝官窑红釉瓷作的典范。

　　明永乐红釉素有"鲜红"之美称，施釉均匀，釉面莹润，烧成火候恰到好处，釉色鲜红明艳，完全改变了洪武朝红釉瓷红中泛黑的不纯色调。器物的口沿映出白色胎骨，是因为烧制时，釉层在高温熔融状态下自然垂流，致使釉层变薄，显露出胎色，这种现象俗称"灯草口"。

宝石红釉盘

年　代：明宣德

尺　寸：高4.4厘米，口径20厘米

产　地：江西景德镇

收藏地：英国大维德基金会（Percival David Foundation of Chinese Art）

入藏号：PDF, A.519

　　敞口，浅弧壁，圈足。口沿有一圈自然形成的很窄很齐的白边，俗称"灯草边"。足底露胎，底面施白釉，上暗刻"大明宣德年制"六字两行双圈楷书款。盘内外满施红釉，釉色艳丽如宝石，在器口、器足白边的映衬下，呈色更加光彩夺目。整盘仅在外底部处刻有极细的莲瓣纹。

年　代：明正德

尺　寸：高4.2厘米，口径21厘米

产　地：江西景德镇

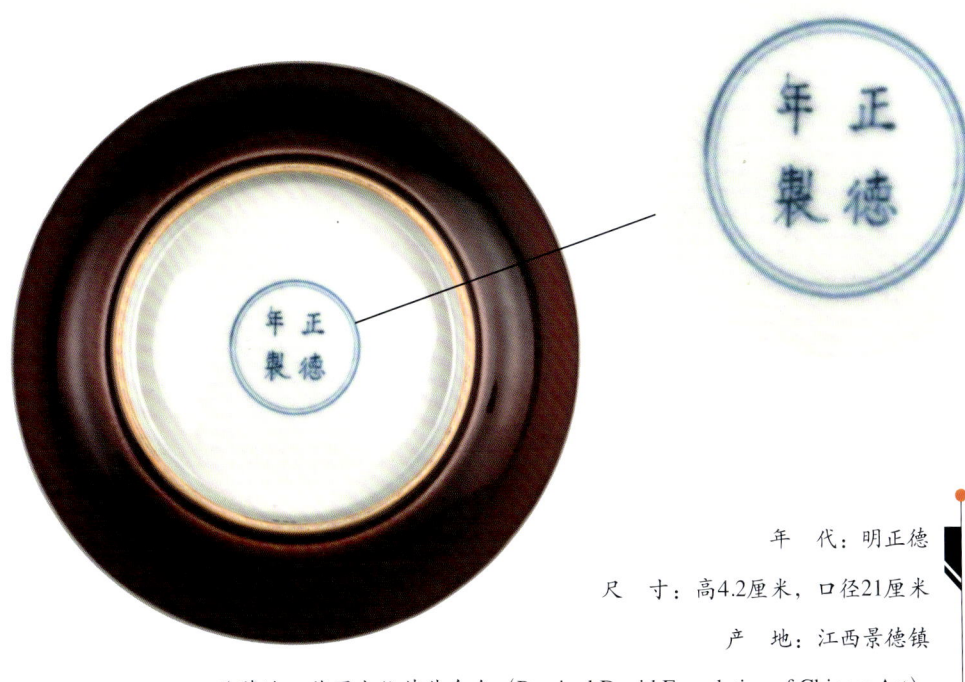

收藏地：英国大维德基金会（Percival David Foundation of Chinese Art）

入藏号：PDF.522

红釉盘

　　敞口，浅弧壁，腹下垂，圈足，俗称"窝盘"。内施白釉，外施红釉，底心微下凹，釉质细润，底以青花书"正德年制"四字两行双圈楷书款。自宣德以后，高温铜红釉产品渐少，此正德红釉盘制作精工，胎薄体轻，红色深沉鲜艳，当是精品。

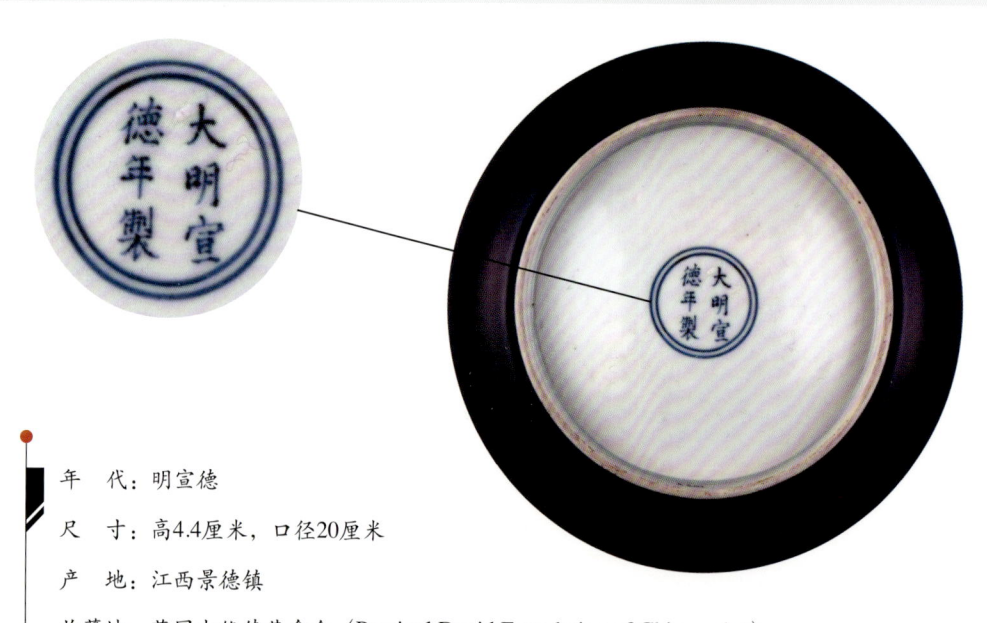

霁蓝釉盘

年　代：明宣德
尺　寸：高4.4厘米，口径20厘米
产　地：江西景德镇
收藏地：英国大维德基金会（Percival David Foundation of Chinese Art）
入藏号：PDF, A.519

敞口，浅弧壁，圈足。灯草边，露胎底，底部白釉上以青花书"大明宣德年制"六字两行青花双圈楷书款。盘内外满施蓝釉，这种蓝釉色泽深沉，色调浓淡均匀，因其釉色蓝如深海，呈色稳定，和白釉、红釉并列，被推为宣德朝颜色釉瓷器的三大"上品"。

洒蓝釉卧足碗

年　代：明宣德
尺　寸：高11.5厘米，口径25.2厘米
产　地：江西景德镇
收藏地：英国大维德基金会（Percival David Foundation of Chinese Art）
入藏号：PDF.605

浅腹，碗底心内凹，因以碗壁充当圈足，故称卧足碗。胎体厚重，内壁白釉光素无纹，仅在中心以青花双圈内书"大明宣德年制"六字两行楷书款。外壁施洒蓝釉，因其色如雪花隐于蓝釉内，所以又名"雪花蓝"或"青金蓝"。

洒蓝釉首创于明宣德年间，是用竹管醮蓝釉往白釉上吹，形成蓝白相间深浅浓淡大小不一的特殊釉面，入窑高温一次烧成。这类品种常见厚胎盔子碗或钵缸。宣德洒蓝器传世极为稀少，非常难见。

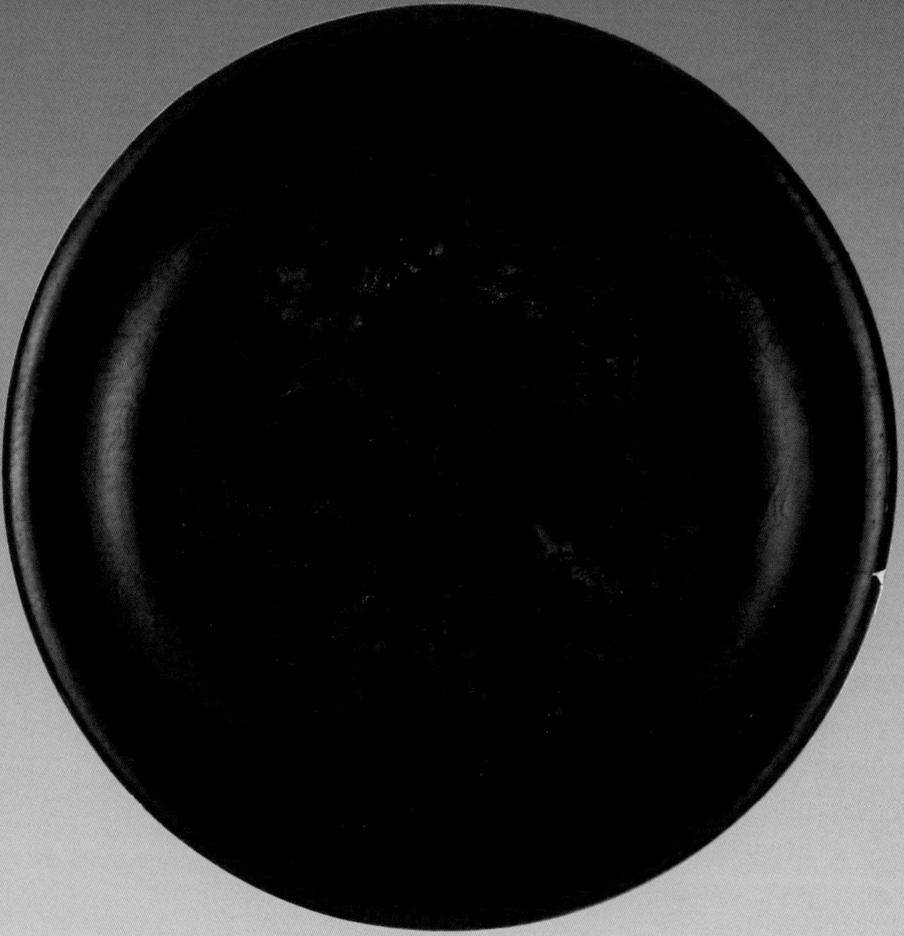

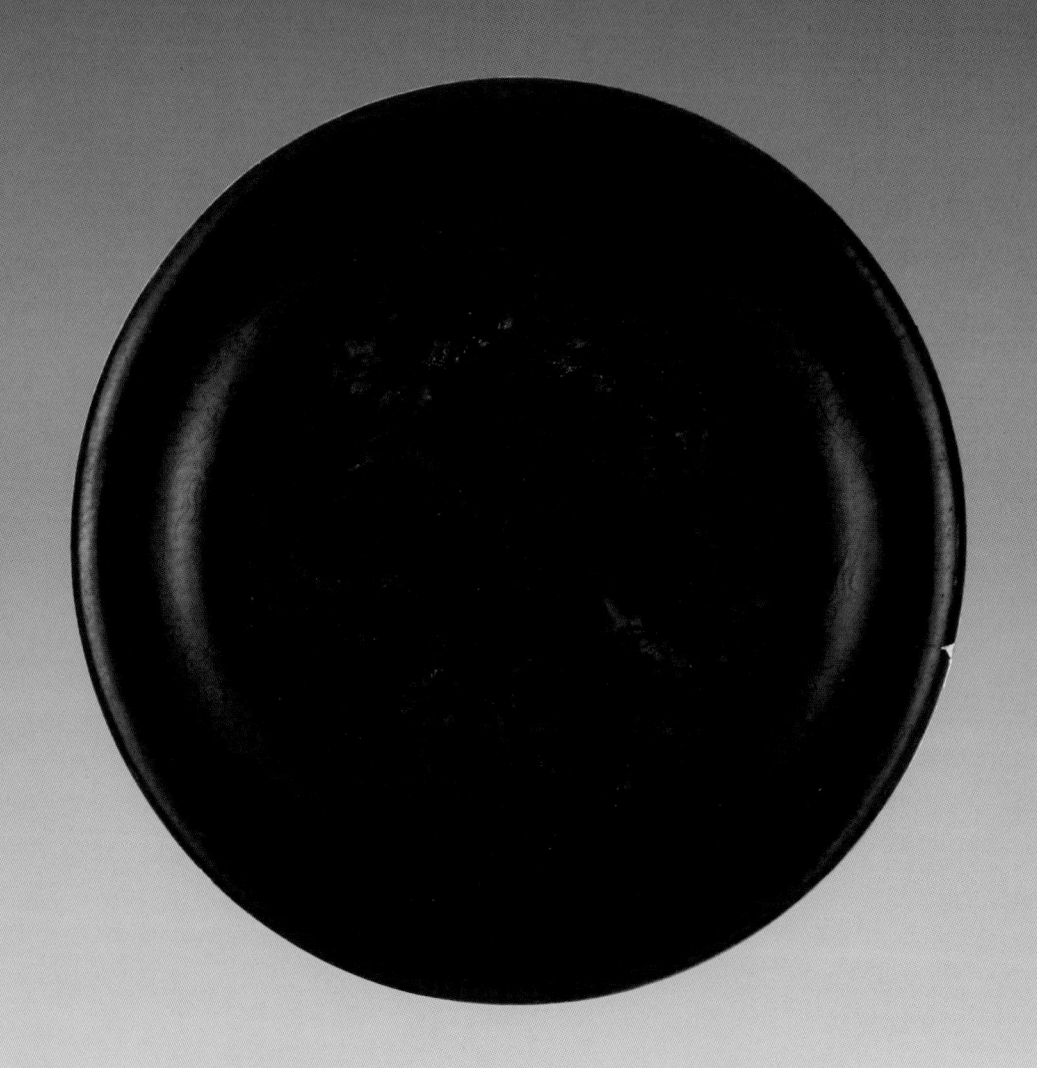

霁蓝釉暗刻龙纹盘

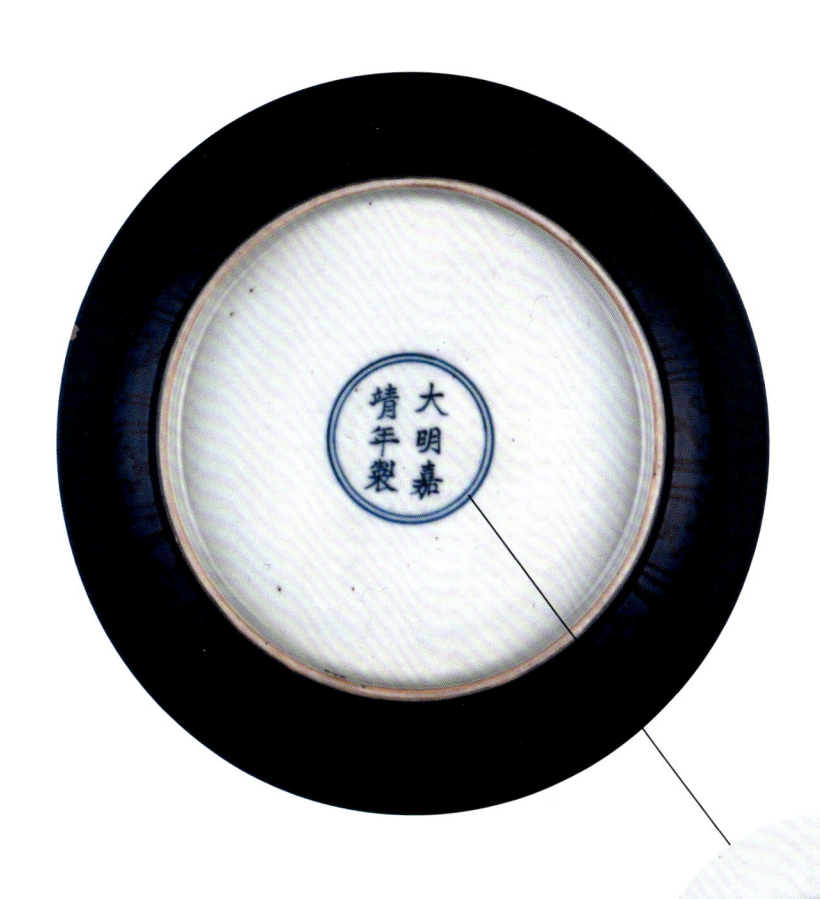

年　代：明嘉靖
尺　寸：高3.5厘米，口径15.5厘米
产　地：江西景德镇
收藏地：英国大英博物馆（British Museum）

入藏号：1945,1016.12

　　侈口，浅弧壁，圈足薄釉露胎。足墙直壁较陡，足底白釉，上以青花书"大明嘉靖年制"六字两行双圈楷书款。盘内外暗刻纹饰：内外壁及盘中心皆为云龙纹，外壁近足处是一周变形莲瓣纹。纹饰上满施霁蓝釉，色泽深沉，使得龙纹犹如在深深的海底翻腾不息，久视有种风暴欲来的压迫感。

孔雀蓝釉荷塘纹执壶

年　代：明嘉靖
尺　寸：高21.5厘米
产　地：江西景德镇
收藏地：英国大英博物馆（British Museum）
入藏号：1936,1012.92

　　盘口，长颈，细流微扬，曲柄有小系，丰腹，假圈足。执壶暗刻宝珠纹、如意云纹、荷莲纹，上施明亮的孔雀蓝釉，釉面薄匀，密布细小的开片。原应有盖，佚失。

　　孔雀蓝釉又称"法蓝"，原本属于西亚地区的传统釉色，唐宋时因贸易而带入中原。元代，景德镇浮梁瓷局也少量烧制过一些。

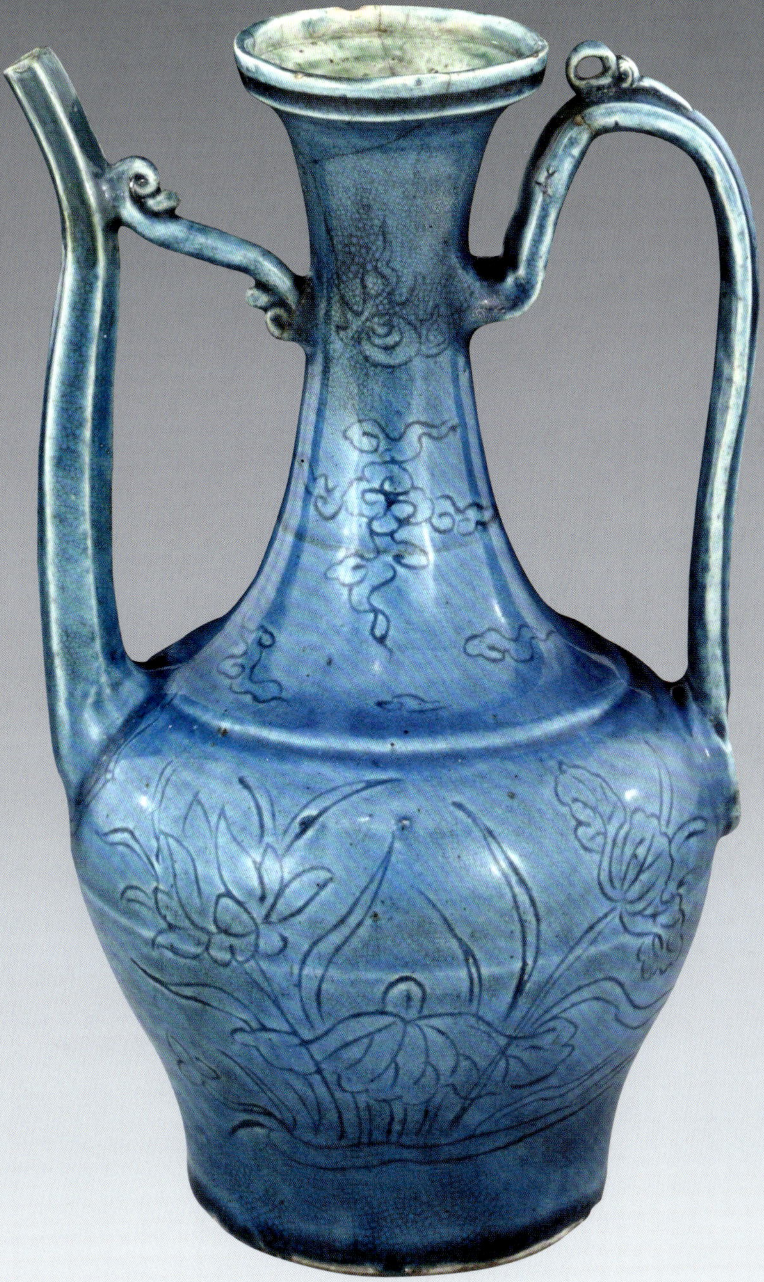

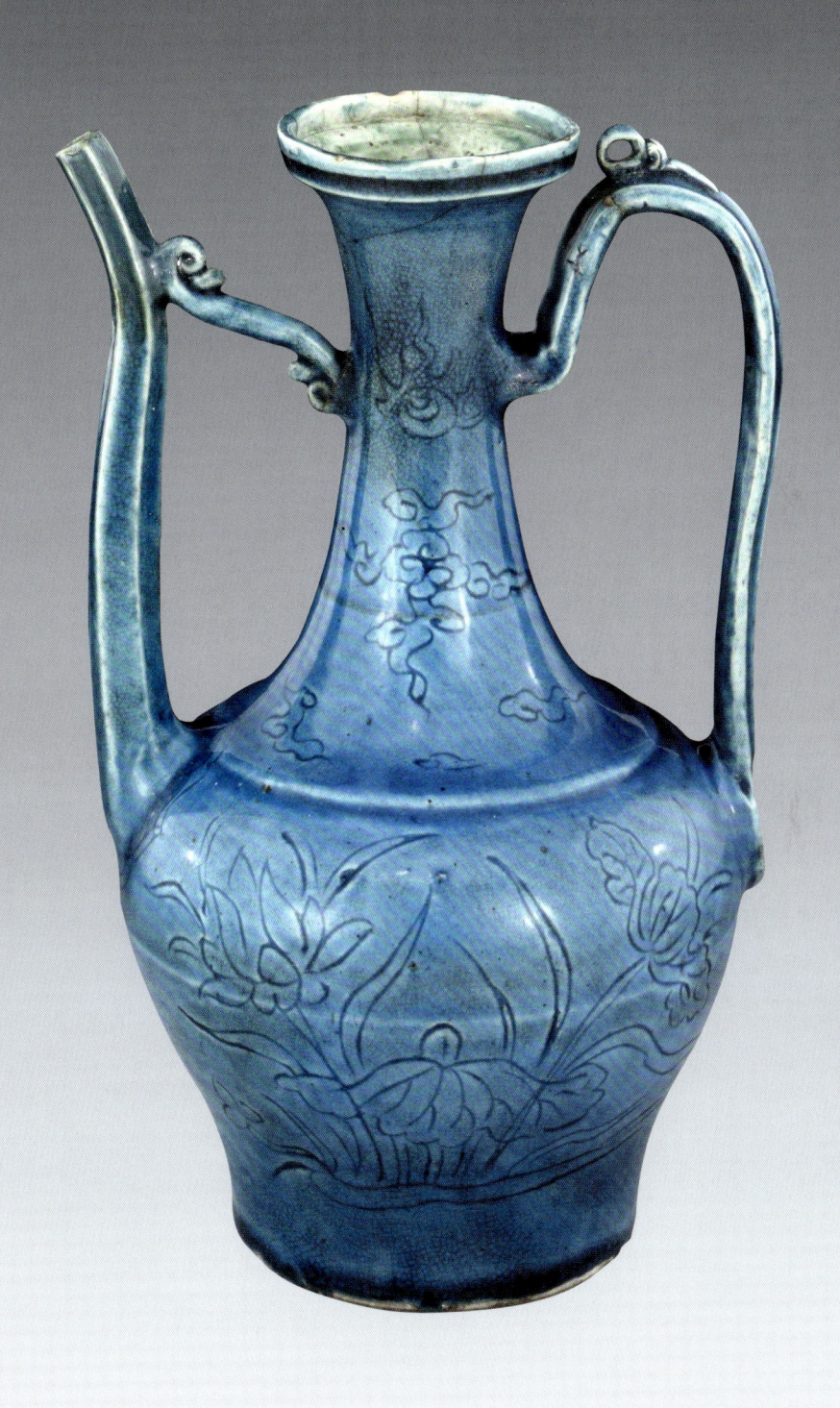

蓝釉碗

年　代：明成化

尺　寸：高6厘米，口径14.2厘米

产　地：江西景德镇

收藏地：英国大英博物馆（British Museum）

入藏号：1947,0712.315

敞口外撇，斜弧壁，圈足。口沿釉薄处可见胎体，底部白釉无款。碗内外通体施蓝釉，釉面莹润，但呈色不如宣德朝稳定和纯正。

绿釉三足水丞

年　代：明万历

尺　寸：高8.9厘米，腹径21.6厘米

产　地：江西景德镇

收藏地：英国维多利亚和阿尔伯特博物馆（Victoria and Albert Museum）

入藏号：C.146-1935

阔口，圆弧壁，下承三足。水丞内为青白釉，外施绿釉，釉质肥厚丰润，光泽感强。釉面不甚平整，绿釉呈色浅淡，光素无纹，放在文人案头倒也突显雅致。

绿釉桃形执壶

年　代：明崇祯

尺　寸：高9厘米

产　地：江西景德镇

收藏地：英国大英博物馆（British Museum）

入藏号：1924,0119.1

　　此执壶呈桃形，曲形短流，微向下，莲蓬状注口，一小男孩蹲坐式执手。通体施绿釉，釉色浓厚，深浅不一，积釉处发黑。胎质粗糙，淘炼不精，致使釉面产生一种蒙尘之感。但此执壶造型奇特，充满了想象力。

黄釉撇口盘

年　代：明宣德
尺　寸：高3.1厘米，口径12.9厘米
产　地：江西景德镇
收藏地：英国大维德基金会（Percival David Foundation of Chinese Art）
入藏号：PDF, A.513

敞口外撇，浅弧壁，圈足，足墙较高，釉面光滑，底部白釉上以青花书"大明宣德年制"六字两行双圈楷书款。盘内外满施黄釉，色清亮匀净，沉静古雅，自有一份不可言喻的尊贵气质。

明宣德黄釉器烧成之后一直为内府所专断，只归宫廷御用，管制极为严厉，又因其技术不成熟，烧制数量不多，流传下来的"宣黄"器屈指可数。

310

黄釉盘

年　代：明成化

尺　寸：高5.1厘米，口径21.4厘米

产　地：江西景德镇

收藏地：英国大维德基金会（Percival David Foundation of Chinese Art）

入藏号：PDF.596

敞口外撇，浅弧壁，圈足。底部白釉，上以青花书"大明成化年制"六字两行双圈楷书款。盘内外皆施黄釉，釉层较厚，釉面均匀干净，呈明亮色的柠檬黄，大气富贵。从此盘口径来看，应为皇家祭祀时的专用器皿。

黄釉碗

年　代：明正德
尺　寸：口径17.8厘米
产　地：江西景德镇
收藏地：英国维多利亚和阿尔伯特博物馆（Victoria and Albert Museum）
入藏号：C.50-1936

　　侈口，深弧腹，圈足。通体施黄釉，胎质细腻，釉质晶莹，釉面呈现一种鸡油黄的光泽，足底微下塌，施白釉，上以青花书"大明正德年制"六字两行双圈楷书款。此种黄釉盘是明代皇家的御用器，比弘治时的娇黄色更为浓艳。

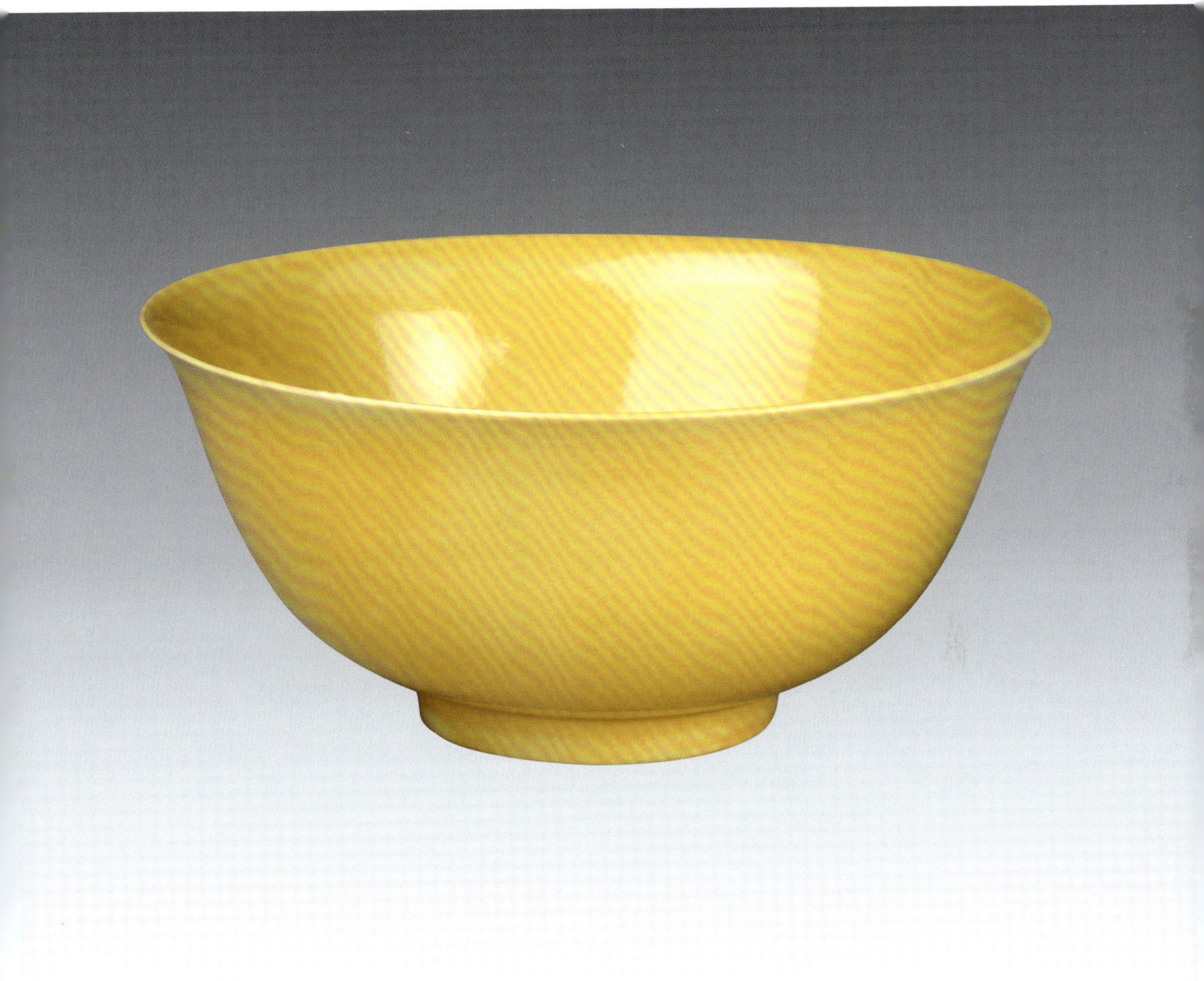

黄釉缠枝莲纹葫芦瓶

年　代：明嘉靖

尺　寸：高43.7厘米

产　地：江西景德镇

收藏地：英国大维德基金会（Percival David Foundation of Chinese Art）

入藏号：PDF, A.563

小口，短直颈，束腰，葫芦形，浅圈足，无釉露胎。底部白釉，以青花书"大明嘉靖年制"六字两行双圈楷书款。葫芦瓶通体暗刻缠枝莲花纹、朵花纹、如意云纹及灵芝纹等吉祥瑞意的图案，整器满施黄釉，釉面鲜亮肥润，釉色明亮浅淡，纹饰细腻生动，为嘉靖朝黄釉瓷中的精品。

315

黄釉二龙戏珠纹钵

年　代：明嘉靖

尺　寸：腹径22.9厘米

产　地：江西景德镇

收藏地：英国维多利亚和阿尔伯特博物馆（Victoria and Albert Museum）

入藏号：C.862-1936

　　圆唇，卷沿，圆腹下敛，圈足。钵内外全施黄釉，外腹暗刻二龙戏珠纹，两条五爪龙腾云间在争抢一颗宝珠。黄釉呈色较深，色泽浓淡不匀，釉面不平，浓处有兔丝痕析出，浅处则泛灰白色调。

年　代：明嘉靖
尺　寸：高4厘米，口径17.5厘米
产　地：江西景德镇
收藏地：英国大维德基金会（Percival David Foundation of Chinese Art）
入藏号：PDF.523

茄皮紫釉暗刻龙凤纹盘

敞口，浅弧壁，圈足。内外满施茄皮紫釉，外壁暗刻龙纹，内心暗刻凤纹，底部青白釉，上以青花书"大明嘉靖年制"六字两行双圈楷书款。釉面光润，茄皮紫釉浓艳，几乎看不到纹饰。

茄皮紫釉始烧成于明弘治年间，有浅、浓、老三种色调。茄皮紫釉虽然很厚，但没有开片纹，釉色均匀肥厚，乌亮泛紫，十分美观。茄皮紫釉瓷传世很少，故十分名贵。

酱釉碗

年　代：明嘉靖

尺　寸：高6.5厘米，口径14厘米

产　地：江西景德镇

收藏地：英国大维德基金会（Percival David Foundation of Chinese Art）

入藏号：PDF, A.574

　　侈口，深弧壁，圈足。碗内外皆施酱釉，色泽浓烈而深沉，近足处可见铁锈斑。足底为青白釉，上以青花书"大明嘉靖年制"六字两行双圈楷书款。

　　酱釉又称柿色釉、紫金釉，是一种以铁为呈色剂的高温色釉，首创于北宋北方窑口，其中以定窑的"紫定"最为出名，明初景德镇窑开始烧制，但整个明朝流传下来完整的酱釉瓷器非常少。